KOREDAKE!

これだけ
おさえる！

COMPACT SERIES

THE HANDBOOK FOR SUCCESS
IN ENTRANCE EXAMS
ESSENTIAL POINTS OF
BASIC BIOLOGY

生物基礎

の　　要点整理

Gakken

はじめに

本書を手に取っていただき，誠にありがとうございます。

このシリーズは，忙しい高校生の皆さまが効果的かつ効率的に学ぶことができるような要点整理本を目指して刊行しました。

高校での学習内容は中学までと比較して専門性が高くなり，学習量も増加します。さらに，部活動との両立も求められるため，効率的な学習が不可欠になります。

本シリーズは，授業の予習から通学時間のスキマでの学習，そして定期テストや模試・入試の直前まで，さまざまな学習シーンに対応できるように工夫しています。

解説ページでは，「これだけ！」にその単元で特に重要なポイントを簡潔に表しています。また，学習内容を厳選してコンパクトにまとめているので，読むだけでも頭の整理ができるようになっています。

学習した内容はすぐに一問一答で演習できるため，知識を確実に定着させることができます。無料のアプリも利用できるので，自分の学習スタイルに合わせて効果的に活用してください。

本書が，忙しい高校生の皆さまに寄り添い，成績向上の一助となることを心より願っています。

Gakken 編集部

本書の特長

「これだけ!」をチェックして 得点アップ!

各項目では，特におさえておきたい要点をコンパクト
にまとめています。はじめて学習するときや，定期テ
スト直前などにチェックしましょう。

その2 「わかりやすい解説」で ポイントを整理!

各項目では特に重要な用語や事象などを厳選し，簡潔
に解説しています。オールカラーのイラストや表を多
数掲載しているので，文章だけでなく視覚的にも理解
することができます。

その3 「一問一答」で演習して しっかり定着!

要点が整理できたら，一問一答で演習をしましょう。
演習を繰り返すことで，知識をしっかりと定着するこ
とができます。

本書の使い方

● 解説ページ

各セクションでまず最初に理解しておきたい要点を厳選しています。図解やグラフ，表などを活用し，情報を整理しながら学習を進めましょう。

これだけ！

重要な用語やポイントは赤フィルターでチェックできます。繰り返し確認し，演習しましょう。

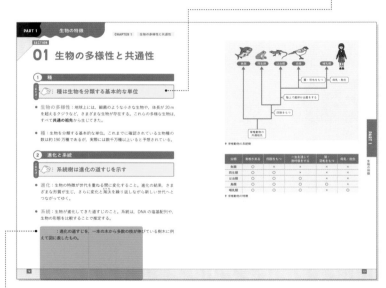

PART 1　生物の特徴　　CHAPTER 1　生物の多様性と共通性

SECTION
01 生物の多様性と共通性

① 種

これだけ！ 👁 **種は生物を分類する基本的な単位**

● 生物の多様性：地球上には，細菌のような小さな生物や，体長が 20 m を超えるクジラなど，さまざまな生物が存在する。これらの多様な生物は，すべて**共通の祖先**から生じてきた。

● 種：生物を分類する基本的な単位。これまでに確認されている生物種の数は約 190 万種であるが，実際には数千万種以上に上ると予想されている。

② 進化と系統

これだけ！ 👁 **系統樹は進化の道すじを示す**

● 進化：生物の特徴が世代を重ねる間に変化すること。進化の結果，さまざまな形質が生じ，さらに変化と淘汰を繰り返しながら新しい世代へとつながってゆく。

● 系統：生物が進化してきた道すじのこと。系統は，DNA の塩基配列や，生物の形態を比較することで推定する。

● ＿＿＿＿＿：進化の道すじを，一本の木から多数の枝が伸びている樹木に例えて図に表したもの。

重要用語

重要な用語やポイントは赤フィルターでチェックできます。繰り返し確認し，演習しましょう。

よく出る！

試験で出題されやすい内容を紹介しています。

注意！

試験でミスをしやすかったり，誤って理解したりする内容を紹介しています。

● 一問一答ページ

各セクションで学習した内容を復習できます。定期テストなどの試験直前に知識の確認のために活用しましょう。

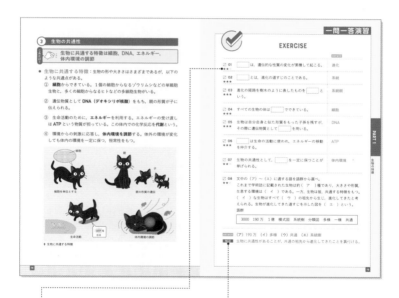

★ | **重要度** | 重要度を★の数で表しています。

★★★ テストで頻出の問題です。
　　　必ず答えられるようにしましょう。

★★☆ 難易度が少し高く，点差がつく問題です。

★☆☆ 発展的な内容を含みます。

ANSWER　**解説**

難易度の高い問題や計算問題などには解答と解説があります。実践的な問題が多いので，解説を読みテストに備えましょう。

本書を活用できる
おすすめシーン！

✅ 明日の授業の予習に！

最初は「これだけ！」をチェックしましょう。「これだけ！」には，各テーマで最も重要なことが書かれているので，まずは「これだけ！」を読むだけでも頭を整理することができます。

✅ コツコツ日々の通学時間に！

スキマ時間を有効活用して，コツコツと学習しましょう。一回ですべて学習する必要はありません。赤フィルターや一問一答アプリを活用して，繰り返し演習しましょう。

✅ 定期テスト前日の確認に！

定期テスト前日には，解説ページをチェックしましょう。要点が簡潔にまとまっているので，全体像をつかむのに役に立ちます。自分が理解できていない単元があれば，教科書や授業ノートを確認したり，問題集で演習をしたりして対策しましょう。

✅ 模試・入試の直前対策に！

模試や入試の直前には，苦手な単元や不安な単元を集中してチェックします。直前に学習した箇所が出題されることもあります。ギリギリまで諦めずに学習することこそが，得点アップにつながります。

一問一答アプリで
トレーニング！

CHECK!

STEP 1　スマートフォンやタブレットで
右の 2 次元コードを読み取りましょう。

⬇

STEP 2　LINE 公式アカウント「学研　Study」が表示されたら，
LINE の友だちに追加してください。

⬇

STEP 3　トーク画面の「メニュー」を選び，
一覧から『これだけおさえる！生物基礎の要点整理』を
タップしてください。

⬇

TRAINING!　本書の一問一答の問題をアプリで演習できます。

通学寝る前などの
スキマ時間にトレーニング！

＊ご利用には LINE アカウントが必要です。
＊アプリのご利用は無料ですが，
　通信料はお客様のご負担になります。
＊ご提供は予告なく終了することがあります。
＊画像は制作段階のものです。

もくじ

PART 1

生物の特徴   12

PART 3

ヒトの体内環境の維持　72

CONTENTS

01 生物の多様性と共通性

1 種

 種は生物を分類する基本的な単位

● **生物の多様性**：地球上には，細菌のような小さな生物や，体長が 20 m を超えるクジラなど，さまざまな生物が存在する。これらの多様な生物は，すべて**共通の祖先**から生じてきた。

● **種**：生物を分類する基本的な単位。これまでに確認されている生物種の数は約 190 万種であるが，実際には数千万種以上いると予想されている。

2 進化と系統

 系統樹は進化の道すじを示す

● **進化**：生物の特徴が世代を重ねる間に変化すること。進化の結果，さまざまな形質が生じ，さらに変化と淘汰を繰り返しながら新しい世代へとつながってゆく。

● **系統**：生物が進化してきた道すじのこと。系統は，DNA の塩基配列や，生物の形態を比較することで推定する。

● **系統樹**：進化の道すじを，一本の木から多数の枝が伸びている樹木に例えて図に表したもの。

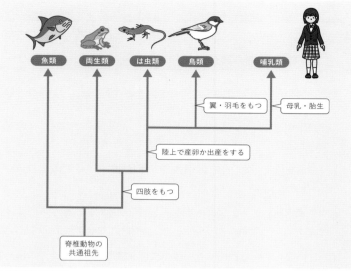

↑ 脊椎動物の系統樹

分類	脊椎がある	四肢をもつ	一生を通じて肺呼吸をする	翼・羽毛をもつ	母乳・胎生
魚類	○	×	×	×	×
両生類	○	○	×	×	×
は虫類	○	○	○	×	×
鳥類	○	○	○	○	×
哺乳類	○	○	○	×	○

↑ 脊椎動物の特徴

生物の特徴

③　生物の共通性

これだけ！　👆　生物に共通する特徴は細胞，DNA，エネルギー，
体内環境の調節

● **生物に共通する特徴**：生物の形や大きさはさまざまであるが，以下のような共通点がある。

① **細胞**からできている。1個の細胞からなるゾウリムシなどの単細胞生物と，多くの細胞からなるヒトなどの多細胞生物がいる。

② 遺伝物質として**DNA（デオキシリボ核酸）**をもち，親の形質が子に伝えられる。

③ 生命活動のために，**エネルギー**を利用する。エネルギーの受け渡しは**ATP**という物質が担っている。この体内での化学反応を**代謝**という。

④ 環境からの刺激に応答し，**体内環境を調節**する。体外の環境が変化しても体内の環境を一定に保つ，恒常性をもつ。

↑ 生物に共通する特徴

EXERCISE

ANSWER

☑ 01
★★☆
_____ は，遺伝的な性質の変化が累積して起こる。

進化

☑ 02
★★★
_____ とは，進化の道すじのことである。

系統

☑ 03
★★★
進化の経路を樹木のように表したものを_____と
いう。

系統樹

☑ 04
★★★
すべての生物の体は_____でできている。

細胞

☑ 05
★★★
生物は自分自身と似た形質をもった子孫を残すが，
その際に遺伝物質として_____を用いる。

DNA

☑ 06
★★★
_____は生命の活動に使われ，エネルギーの移動
を仲介する。

ATP

☑ 07
★★☆
生物の共通性として，_____を一定に保つことが
挙げられる。

体内環境

☑ 08
★★☆
文中の（ア）～（エ）に適する語を語群から選べ。

これまで学術誌に記載された生物は約（ ア ）種であり，大きさや形質，
生息する環境は（ イ ）である。一方，生物は皆，共通する特徴をもつ。
（ イ ）な生物はすべて（ ウ ）の祖先から生じ，進化してきたと考
えられる。生物が進化してきた道すじを示した図を（ エ ）という。

語群

| 3000　190万　1億　模式図　系統樹　分類図　多様　一様　共通 |

ANSWER （ア）190万 （イ）多様 （ウ）共通 （エ）系統樹
解説 生物に共通性があることが，共通の祖先から進化してきたことを裏付ける。

02

細胞①

1　単細胞生物と多細胞生物

これだけ！ 🖐 多細胞生物は複数の細胞で構成される

- **細胞**：生物体を構成する機能的な基本的単位。分裂することで増える。

- **単細胞生物**：1つの細胞で構成された生物。乳酸菌や大腸菌などの**細菌**も単細胞生物。ゾウリムシやミドリムシのように，一つの細胞内にいくつもの機能をもつものもいる。

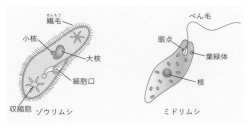

↑ 単細胞生物

- **多細胞生物**：複数の細胞で構成されている生物。多細胞生物は，細胞が複数集まって**組織**をつくり，組織が集まって**器官**をつくっている。例えば，筋細胞が集まって筋組織をつくり，筋組織が集まって胃を形成している。

● **細胞の大きさ**：細胞は，顕微鏡を用いなければ観察できない小さなものから，肉眼で観察できる比較的大きなものまであり，その大きさや形はさまざまである。

● **分解能**：顕微鏡で識別できる2点間の最小距離。光学顕微鏡ではおよそ0.2 μm である。

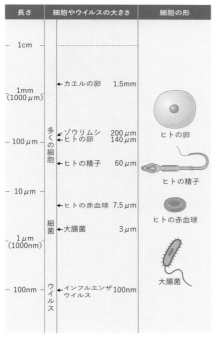

長さ	細胞やウイルスの大きさ	細胞の形
— 1cm		
— 1mm (1000 μm)	← カエルの卵　1.5mm	
— 100 μm	多くの細胞　← ゾウリムシ　200 μm ← ヒトの卵　140 μm ← ヒトの精子　60 μm	ヒトの卵 ヒトの精子
— 10 μm		
— 1 μm (1000nm)	細菌　← ヒトの赤血球　7.5 μm ← 大腸菌　3 μm	ヒトの赤血球 大腸菌
— 100nm	ウイルス　← インフルエンザ　100nm ウイルス	

↑ さまざまな細胞の大きさと形　　　$1 \mu m = 1 \times 10^{-6} m = \dfrac{1}{1000} mm$

2 原核生物

> ### これだけ！ 原核細胞は核をもたない

- **原核細胞**：核をもたない細胞。DNA がむき出しのまま存在している。細胞小器官をもたず，構造は真核細胞に比べ，簡単である。

- **原核生物**：原核細胞でできている生物。大腸菌や納豆菌などの**細菌**は，原核生物に属する。

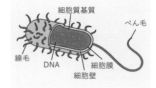

↑ 原核細胞（大腸菌）の構造

> 注意！
> シアノバクテリア（ラン藻）とよばれる細菌は，葉緑体と同じはたらきをする構造をもち，光合成を行うことができる。

COLUMN

細胞研究の歴史

1665 年，**ロバート・フック**（英）はコルクの薄い切片を手製の顕微鏡で観察したとき，ハチの巣のように壁で仕切られた小さな部屋があることを発見し，これを cell（細胞）と名付けた。また，1831 年に**ブラウン**（英）が細胞の中にある**核**を発見した。
19 世紀に入ると，細胞を生物体の基本単位とする**細胞説**が提唱された。**シュライデン**（独）が植物について（1838 年），**シュワン**（独）が動物について（1839 年），それぞれ提唱した。

EXERCISE

ANSWER

☑ **01**
★★★
すべての生物の体は [　　　] でできており，[　　　] は分裂により増える。

細胞

☑ **02**
★★★
1つの細胞からなる生物である [　　　] には，原核細胞からなるものと真核細胞からなるものが存在する。

単細胞生物

☑ **03**
★★★
生物の中には，単一の細胞で独立して生活する単細胞生物と，複数の細胞で構成された体をもつ [　　　] がいる。

多細胞生物

☑ **04**
★★☆
ヒマワリ，アマガエル，大腸菌，ミドリムシのうち単細胞生物は [①] と [②] である。

①，②　大腸菌，ミドリムシ
※順不同

☑ **05**
★★☆
核をもたない細胞を [　　　] という。

原核細胞

☑ **06**
★★☆
原核生物の細胞は，細胞膜と [　　　] からなる単純な構造をしている。

細胞質基質

☑ **07**
★★☆
原核生物にあてはまる生物は，アメーバと結核菌では [①]，インフルエンザウイルスと肺炎球菌では [②] である。

① 結核菌
② 肺炎球菌

細胞②

 真核細胞は核と細胞小器官をもつ

- **真核細胞**：**核**をもつ細胞。核以外の部分は**細胞質**とよばれる。**細胞膜**で細胞の内外が仕切られている。植物細胞は，細胞膜の外側に**細胞壁**という構造をもつ。

- **真核生物**：真核細胞でできている生物。

- **細胞小器官**：細胞の中にあるさまざまな構造体の総称。

- **核**：核の最外層には**核膜**があり，核膜の内側には**染色体**がある。染色体は，DNAとタンパク質で構成されている。

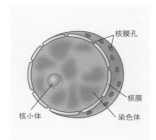

核膜孔

核膜

核小体

染色体

↑ 核の内部構造

 よく出る！ 染色体を染めるためには，**酢酸カーミン**や**酢酸オルセイン**を用いる。

- **細胞質基質（サイトゾル）**：細胞小器官の間を満たす液状の物質。

- **ミトコンドリア**：**呼吸**の場。粒状または棒状の構造をしている。酸素を消費して有機物を分解してエネルギーを取り出す。

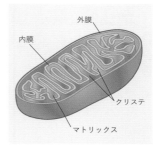

↑ ミトコンドリア

- **葉緑体**：**光合成**の場。粒状の構造をしている。多くの植物細胞に見られる。

↑ 葉緑体

注意！

ミトコンドリアでは**呼吸**，葉緑体では**光合成**が行われている。

- **液胞**：細胞内の**水分含有量**の調整や**老廃物の貯蔵**にかかわっている。

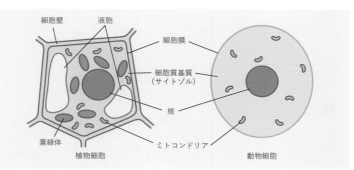

↑ 光学顕微鏡で見た真核生物の細胞構造

2　原核細胞と真核細胞の違い

これだけ! 原核細胞は核をもたず，染色体がむき出しのまま存在する

● **原核細胞と真核細胞の違い**：原核細胞は核をもたず，染色体がむき出しのまま存在する。一方，真核細胞は核をもち，染色体は核の中に存在する。

	原核細胞	真核細胞	
		動物	植物
DNA	+	+	+
核 (核膜)	−	+	+
ミトコンドリア	+	+	+
葉緑体	−	−	+
細胞膜	+	+	+
細胞壁	+	−	+

↑ 原核細胞と真核細胞の比較

COLUMN

細胞内共生説

ミトコンドリアと葉緑体は，それぞれ核内の DNA とは異なる独自の DNA をもっている。このことから，ミトコンドリアと葉緑体は，もともと異なる生物が細胞内に共生したことが起源であると考えられている。ミトコンドリアは呼吸を行う好気性細菌，葉緑体はシアノバクテリアが起源とされている。この説を，**細胞内共生説**という。

EXERCISE

ANSWER

☑ 01 ★★★
生物を構成する細胞には，核をもたない ① と，核をもつ ② とがある。

① 原核細胞
② 真核細胞

☑ 02 ★★★
細胞内には核，ミトコンドリアなどのさまざまな構造物があり，それらを ☐ という。

細胞小器官

☑ 03 ★★☆
細胞内を満たす，構造の見られない液状の部分を ☐ という。

細胞質基質

☑ 04 ★★☆
染色体は ☐ とタンパク質からできており，細胞分裂時に棒状（太いひも状）になる。

DNA

☑ 05 ★★☆
細胞質の最外層には ① があり，動物細胞は ① によって外界と接することになる。一方，植物細胞には ① の外側に， ② がある。

① 細胞膜
② 細胞壁

☑ 06 ★★☆
植物細胞には光合成を行う細胞小器官として ☐ があり有機物を合成する。

葉緑体

☑ 07 ★★☆
動物細胞や植物細胞には，有機物を分解して化学エネルギーを取り出すはたらきをもつ細胞小器官として ☐ がある。

ミトコンドリア

☑ 08 ★★☆
原核細胞と真核細胞の共通点は，細胞の内外が ☐ で仕切られていること，DNA をもつことなどである。

細胞膜

代謝

1　エネルギーと代謝

> これだけ！　👆　光合成は同化，呼吸は異化

- **代謝**：生体内で起こる，**物質の合成や分解といった化学反応**のこと。

- **同化**：単純な物質から複雑な物質を合成する代謝の過程。エネルギーの吸収を伴う。代表例は**光合成**。光合成では，二酸化炭素や水のような単純な物質から，複雑な物質である有機物が合成される。

- **異化**：複雑な物質を化学的に単純な物質に分解する代謝の過程。エネルギーの放出を伴う。代表例は**呼吸**。呼吸では，複雑な物質である有機物が，二酸化炭素や水のような単純な物質に分解される。

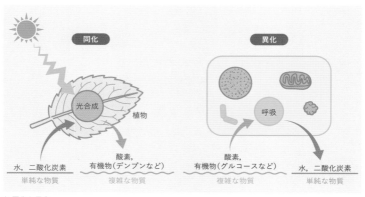

↑ 同化と異化

注意！ 代謝の過程では，エネルギーの変化と移動が起こる。
同化→単純な物質から複雑な物質を合成。エネルギーを吸収。（例：光合成）
異化→複雑な物質を単純な物質に分解。エネルギーを放出。（例：呼吸）

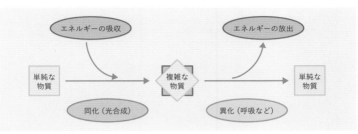

↑ 同化と異化のしくみ

② 独立栄養生物と従属栄養生物

これだけ！ 🤚 **植物は独立栄養生物, 動物・細菌は従属栄養生物**

● **独立栄養生物**：外界から取り入れた無機物だけを利用して有機物を合成し，生命を維持することができる生物。光合成を行う植物があてはまる。

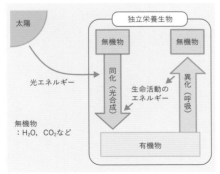

↑ 独立栄養生物と代謝のしくみ

● **従属栄養生物**：摂食などによって，外から体に有機物を取り入れることで，生命を維持している生物。動物や多くの細菌などがあてはまる。これらの生物は，無機物だけでは有機物を合成できない。

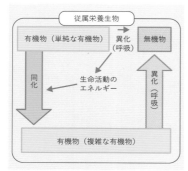

↑ 従属栄養生物の代謝のしくみ

有機物とは，炭素を含む化合物（一酸化炭素や二酸化炭素などは除く）のことをいう。
炭水化物やタンパク質，脂質などは有機物である。有機物以外を無機物という。

EXERCISE

ANSWER

☑ **01**
★★★
生体では，常に物質を合成したり分解したりする反応が起こっている。この反応全体をまとめて　　　　という。

代謝

☑ **02**
★★★
単純な物質から複雑な物質を合成する過程のことを　　　　という。

同化

☑ **03**
★★★
複雑な物質を単純な物質に分解する過程を　　　　という。

異化

☑ **04**
★★★
同化の代表例としては，植物が太陽の光を使って有機物をつくる　　　　がある。

光合成

☑ **05**
★★★
異化の代表例としては，細胞内で酸素を用いて有機物を分解する　　　　がある。

呼吸

☑ **06**
★★☆
外界から取り入れた無機物だけを利用して有機物を合成し，生命を維持することができる生物を　　　　という。

独立栄養生物

☑ **07**
★★☆
外から体に有機物を取り入れることで，生命を維持している生物を　　　　という。

従属栄養生物

☑ **08**
★★★
次の①～③の記述のうち，正しい内容のものはどれか。1つ答えよ。
① 同化とは，複雑な物質を単純な物質に分解する過程のことである。
② 異化の代表例としては，光合成や呼吸があげられる。
③ 光合成はエネルギーを吸収する反応である。

ANSWER ③
解説
① 書かれているのは異化の説明。同化は「単純な物質から複雑な物質を合成する反応」である。
② 光合成は同化の代表例。異化の代表例は呼吸である。

PART 1

生物の特徴

05

ATP

1 ATPの構造

 ATPはリボース・アデニン・リン酸からなる

● **ATPと代謝**：代謝の過程でエネルギーの移動が起こる。エネルギーの移動には，**ATP**とよばれる物質が重要なはたらきをしている。

● **ATP（アデノシン三リン酸）**：**リボース**という糖と，**アデニン**が結合してできた**アデノシン**に，さらに3つの**リン酸**が結合した物質。

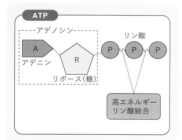

↑ ATPの構造

● **高エネルギーリン酸結合**：ATP内などのリン酸同士の結合のこと。多量のエネルギーが蓄えられている。

● **ADP（アデノシン二リン酸）**：ATPが分解されると，ADPと1つのリン酸になる。このとき放出される大きなエネルギーが，生命活動に利用される。

2 ATP の役割

> **これだけ！** ☞ ATP はエネルギーの通貨に例えられる

- **ATP から放出されるエネルギー**：生体物質の合成や筋肉の運動，発熱や発光などさまざまな用途に使われる。

- **光合成と ATP**：光合成では，光エネルギーを利用して ATP が合成される。この ATP のエネルギーを用いて，二酸化炭素と水から有機物を合成する。

- **呼吸と ATP の合成**：呼吸によって合成された ATP は，生命活動のエネルギーとして使われる。

- **エネルギーの通貨**：ATP はすべての生物において，共通してエネルギーの移動を仲介しているため，**エネルギーの通貨**に例えられることもある。

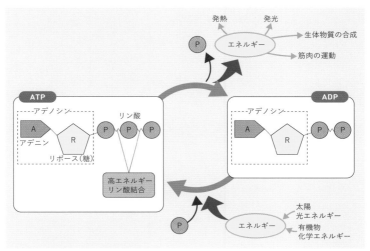

↑ ATP の構造とエネルギー移動のしくみ

ATP を活用した衛生検査
「ATP 拭き取り検査」とは

最近は，ATP を指標に用いた衛生検査の方法が確立されている。これは「ATP 拭き取り検査」とよばれる，生物を含む多くの有機物に含まれる ATP を汚れの指標とした検査方法である。この検査方法では，管理したい場所の洗浄や清掃がきちんと行き届いているかを，誰でも，簡単に，その場で，すぐに測定することができ，その結果をすぐに数値データとして得ることができる。

食中毒や，アレルゲンコンタミといった，目に見えない微生物・細菌，成分などが原因で起こる問題を未然に防ぐために効果の高い検査だといわれている。また，一般的な菌検査は検体の採取から結果が届くまで 2 〜 3 日かかるが，この検査は約 10 秒で結果が出ることから，食品製造をはじめすぐに衛生状況を把握したい場面において効果的である。

生物が ATP をもっていることと，ホタルが ATP を使用して発光することを組み合わせた検査方法であり，検査したい場所を綿棒で拭き取り，ホタルの発光と同様にルシフェリンやルシフェラーゼといった酵素と反応させる。発光しているか否かを測定器を使って調べるため，迅速に結果を見ることができる。

検査のしやすさや早さなどの理由により，さまざまな企業や地方自治体，保健所や病院などで採用されているほか，病院の清掃管理を行なっている協会などからも参考にされている。

EXERCISE

ANSWER

☑ **01** ★★★ ATP の正式名称は ☐ という。 | アデノシン三リン酸

☑ **02** ★★☆ ATP の構造に含まれる，糖の名称は ☐ である。 | リボース

☑ **03** ★★☆ ATP の構造に含まれる，塩基の名称は ☐ である。 | アデニン

☑ **04** ★★☆ ATP のリン酸同士の結合は ☐ とよばれる。 | 高エネルギーリン酸結合

☑ **05** ★★★ ATP の結合が切れるときにエネルギーが放出され，☐ とリン酸に分解される。 | ADP

☑ **06** ★★★ ADP とリン酸から ATP が生じるときに，エネルギーが ☐ される。 | 吸収

☑ **07** ★★☆ 生物は有機物を分解したときに生じるエネルギーを利用して ATP を ☐ する。 | 合成

☑ **08** ★★★ 次の①〜③の記述のうち，正しい内容のものはどれか。1つ答えよ。
① 代謝の過程でエネルギーの移動を仲介するのは，ADP である。
② ATP は，塩基・糖の他に3つのリン酸が結びついて構成される化合物である。
③ ATP の構造に含まれている塩基はチミンである。

ANSWER ②

解説 ① 代謝の過程でエネルギーの移動を仲介するのは，ATP（アデノシン三リン酸）である。
③ ATP に含まれる塩基の一種はチミンではなくアデニン。ATP の A は，アデニンとリボースが結合してできるアデノシンの名称の頭文字。

PART 1

生物の特徴

一問一答演習

呼吸と光合成

1　呼吸とは

これだけ！ **呼吸では有機物と酸素から ATP が合成される**

● **呼吸**：酸素（O_2）を使ってグルコース（ブドウ糖）などの有機物を分解してエネルギーを取り出し，ATP を合成すること。主に**ミトコンドリア**で行われる。

● **グルコース（$C_6H_{12}O_6$）**：**呼吸基質**とよばれる，呼吸の材料となる有機物。**ブドウ糖**と表記されることもある。

● **呼吸で起こる反応**：有機物が分解され，最終的に**二酸化炭素（CO_2）**と**水（H_2O）**になり，ATP が合成される。

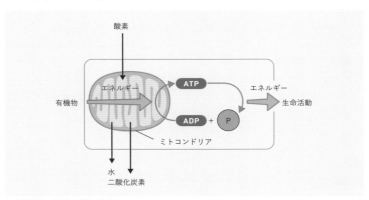

↑ 真核生物における呼吸のしくみ

注意！ 呼吸を表す式：有機物＋酸素 ─→ 二酸化炭素＋水
$C_6H_{12}O_6$　O_2　　　　　CO_2　H_2O
↓
エネルギー（ATP）

2 呼吸と燃焼

これだけ！ 👉 **呼吸は燃焼よりも効率的に ATP を合成できる**

● **呼吸と燃焼の類似点**：**酸素が必要**であり，最終的に**二酸化炭素と水**ができる。

● **呼吸と燃焼の違い**：呼吸は，**多くの酵素の化学反応が段階的に行われる**ため，エネルギーの放出は**緩やか**である。そのため，ATP を効率よく合成・貯蔵することができる。一方，燃焼は蓄えられたエネルギーが**熱と光になって急激に放出**されてしまうため，エネルギーを貯蔵できない。

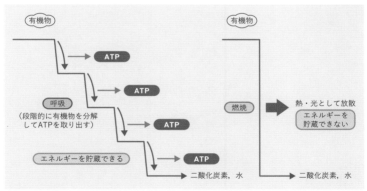

↑ 呼吸と燃焼

注意！ 呼吸は燃焼と異なり，段階的に化学反応が行われる
→ 呼吸は**エネルギーを貯蔵**できる
呼吸と燃焼では，生成されるものが異なる
→ 呼吸：**ATP**，二酸化炭素，水
→ 燃焼：**熱**，**光**，二酸化炭素，水

生物の特徴

これだけ！ 光合成では光エネルギーを利用して有機物が合成される

- **光合成**：生物が**光エネルギー**を利用して，二酸化炭素と水から有機物を合成すること。

- **葉緑体**：光合成が主に行われる場所。植物細胞がもつ。

- **グルコース（$C_6H_{12}O_6$）**：光合成によって生成される有機物の一つ。

- **光合成と ATP**：光合成には，多くの**酵素**がかかわっている。酵素のはたらきによって **ATP** が合成され，この ATP のエネルギーによって，二酸化炭素と水から有機物が合成される。

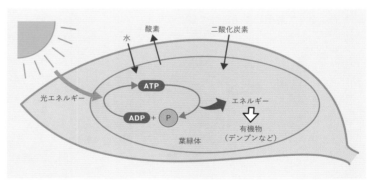

↑ 光合成の概要

注意！ 光合成を表す式

水＋二酸化炭素　$\xrightarrow{\text{光エネルギー}}$　有機物＋酸素

H_2O　　CO_2　　　　　　$C_6H_{12}O_6$　　O_2

EXERCISE

ANSWER

☑ **01**
★★★
酸素を用いて，有機物からエネルギーを取り出す過程を[ ]という。

呼吸

☑ **02**
★★☆
呼吸では，酸素を利用して有機物を水と[ ]に分解する。

二酸化炭素

☑ **03**
★★☆
呼吸を行うことで，有機物を分解し，取り出したエネルギーから多量の[ ]を生成する。

ATP

☑ **04**
★★★
真核細胞の呼吸では，細胞小器官の[ ]が重要な役割を果たしている。

ミトコンドリア

☑ **05**
★★☆
多くの生物の呼吸基質は主に[ ]である。

グルコース

☑ **06**
★★★
植物の細胞の中で，光エネルギーを使い，二酸化炭素と水を代謝して，デンプンという有機物をつくる現象を[ ]という。

光合成

☑ **07**
★★☆
光合成では，[ ]と水を材料に，ATP を分解して得られたエネルギーを利用する。

二酸化炭素

☑ **08**
★★☆
光合成によって，酸素と[ ]を生成する。

有機物

☑ **09**
★★★
光合成は細胞小器官である，[ ]で行われる。

葉緑体

☑ **10**
★★★
光合成は，[ ]を化学エネルギーに変換し，有機物として蓄える。

光エネルギー

PART 1

生物の特徴

SECTION 07

酵素

1　酵素

 これだけ！ 酵素自体は反応の前後で変化しない

● **生体内での化学反応**：一般的に，化学物質が別の化学物質に変化する化学反応は起こりにくい。**生体内では，酵素が触媒としてはたらき反応を促進する**ため，中性，体温という穏やかな条件でも化学反応が起こる。

● **触媒**：特定の化学反応を促進する物質。触媒が存在することにより，化学反応が速やかに進行する。

● **酵素の特徴**：
① **タンパク質**でできており，**化学反応の前後でそれ自体は変化せず，何度でもはたらくことができる。**

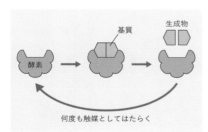

基質　生成物

酵素

何度も触媒としてはたらく

↑ 酵素のはたらき

② **基質特異性**をもつ。

- **基質**：酵素の作用を受ける物質。

- **基質特異性**：酵素は，特有の立体構造をとる活性部位をもち，それに適した基質とのみ結合する。このような**特定の物質にのみ作用する**という酵素の性質を基質特異性とよぶ。

  (例) アミラーゼはデンプンに作用し，デンプンをマルトースにするが，マルトースには作用しない。

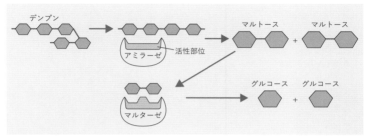

↑ 酵素の基質特異性

2 発展 酵素反応と条件

酵素には最適温度と最適 pH がある

- **最適温度**：酵素による反応が最も活発になる温度。基本的に，温度が高くなるにつれて酵素の反応は活発になる。しかし，酵素はタンパク質でできているため，温度が高くなりすぎると，そのはたらきを失う。**多くの酵素が 40℃以上になると急にはたらきが鈍くなる。**

- **最適 pH**：酵素による反応が最も活発になる pH。はたらく環境によって，酵素の最適 pH は異なる。

  (例) だ液ではたらくアミラーゼの最適 pH：7 付近
       胃液中ではたらくペプシンの最適 pH：2 付近
       すい液に含まれるトリプシンの最適 pH：8 付近

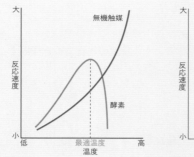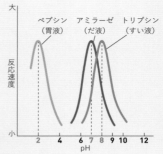

↑ 最適温度と最適 pH

インフルエンザウイルスの特効薬と基質特異性

インフルエンザウイルスが感染した細胞の外に出るとき，その結合を切断する作用を促進する酵素が，ノイラミニダーゼである。この酵素の活性部位にはまるように設計されたのがオセルタミビル（商品名：タミフル）などの薬であり，これらが活性部位をふさぐとウイルスが細胞内に閉じ込められ，免疫細胞のはたらきによって最終的には感染した細胞ごと死滅させられる。

EXERCISE

ANSWER

☑ 01
★★★
酵素のようにそれ自体は変化せず，化学反応を促進する物質を総称して ☐ とよぶ。

触媒

☑ 02
★★☆
酵素は，☐ でできており，化学反応を促進するはたらきをもつ。

タンパク質

☑ 03
★★☆
酵素は特定の物質のみに作用する。酵素の作用を受ける物質を ☐ という。

基質

☑ 04
★★★
酵素は特定の立体構造をとる ① をもち，それに適合した基質とのみ結合する。このように酵素が特定の基質にしか作用しないという性質を ③ という。

① 活性部位
② 基質特異性

☑ 05
★★★
すい液に含まれる，タンパク質を分解する酵素は ☐ である。

トリプシン

☑ 06
★★★
哺乳動物の体内の酵素の場合，温度が低い時は温度の上昇にともなって反応速度が ① するが，多くの酵素では 40℃を超えるあたりから急速に反応速度が下がっていき，90℃ではほとんど反応が ② なる。

① 増加
② 進行しなく

☑ 07
★★☆
酵素反応には反応速度が最大となる温度や pH があり，それぞれ ① ，② という。

① 最適温度
② 最適 pH

☑ 08
★★☆
胃ではたらくペプシンの最適 pH は ① 付近，すい液に含まれるトリプシンの最適 pH は ② 付近である。

① 2
② 8

PART 1

生物の特徴

08　遺伝子と DNA

1　遺伝

> **これだけ！**　🤟 **遺伝子の本体は DNA**

- **形質**：個々の生物に現れる形や性質などの特徴。

- **遺伝**：親の形質が子やそれ以降の世代に現れる現象。

- **遺伝子**：形質を決める要素。

- **DNA（デオキシリボ核酸）**：遺伝子の本体。**染色体**に含まれている。

- **遺伝情報**：その個体が生命活動を営む上で欠かせない情報。DNA に含まれている。

- **遺伝情報の伝わり方**：受精によって生じる受精卵は，父親と母親のそれぞれから受け継いだ DNA をもつ。

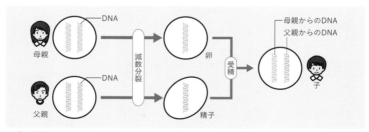

↑ 遺伝情報の伝わり方

2 ゲノム

> ### これだけ！ ゲノムとは染色体がもつすべての遺伝情報

- **相同染色体**：1つの体細胞にある，形や大きさが同じ2本の染色体。

- **ゲノム**：相同染色体の片方の組がもつ，すべての遺伝情報。

- **染色体とゲノム**：ヒトの相同染色体の片方は父親由来，もう片方は母親由来である。23対,46本の染色体がある。相同染色体の片方の組がもつ，DNAの1組がゲノムである。

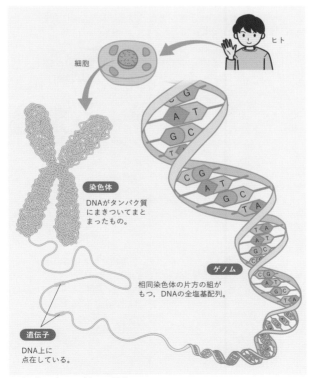

細胞

ヒト

染色体
DNAがタンパク質にまきついてまとまったもの。

ゲノム
相同染色体の片方の組がもつ，DNAの全塩基配列。

遺伝子
DNA上に点在している。

↑ 染色体，ゲノム，遺伝子の関係

DNA 発見までの歴史

メンデル

19 世紀後半，メンデルはエンドウを使った実験を行い，種子の形の遺伝に規則性が
あることを突き止め，遺伝子の存在を初めて示した。

ミーシャ

1869 年，医師のミーシャが患者の膿から細胞の核を集め，DNA を抽出した。

モーガン

1910 年代，モーガンがショウジョウバエを研究し，遺伝子が染色体にあることを示
した。

グリフィス

1928 年，グリフィスは肺炎球菌を使った実験を行った。病原性をもつ S 型菌を死滅
させたものに，病原性をもたない R 型菌を混ぜてマウスに注入するとマウスが死ん
だことから，S 型菌の遺伝物質により R 型菌が S 型菌に転換したことを示した。細
胞の外から入れた物質により形質がかわる現象を形質転換という。

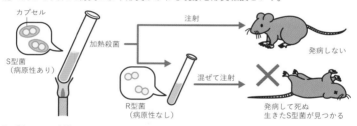

↑ グリフィスの実験

エイブリーら

1944 年，エイブリーらは肺炎球菌の実験を試験管の中で行った。試験管に DNA の
分解酵素を混ぜたところ，形質転換が起こらなくなった。このことから，DNA が遺
伝物質であると考えられるようになった。

ハーシーとチェイス

1952 年，ハーシーとチェイスはバクテリオファージを使った実験を行った。DNA と
タンパク質からなり，細菌内にある物質を送り込むことで増殖するバクテリオファー
ジの性質から，送り込む物質が遺伝子の本体だと考えた。DNA とタンパク質に違う
目印をつけ，どちらが細菌内に入り込むか調べると，それが DNA であることがわか
った。このことから，遺伝子の本体は DNA であると明らかになった。

EXERCISE

ANSWER

☑ **01**
★★★
生物の形や性質などの特徴を［　　　］という。

形質

☑ **02**
★★★
遺伝子は, 細胞内の核に存在する［　　　］に含まれる。

染色体

☑ **03**
★★★
DNA の日本語の正式名（省略しない名称）は
［　　　］である。

デオキシリボ核酸

☑ **04**
★★★
DNA のほとんどは［　　　］の中に含まれ, 体細胞の
［　　　］1 個に含まれる DNA の量は, 生物の種類に
よって一定である。

核

☑ **05**
★★★
1 つの体細胞にある, 形や大きさが同じ 2 本の染色
体を［　　　］という。

相同染色体

☑ **06**
★★★
19 世紀に, メンデルは［ ① ］の形質に注目した実
験で遺伝の法則を発見し, 20 世紀になると, モーガ
ンらの研究によって遺伝子が［ ② ］にあることが
示された。

① エンドウ
② 染色体

☑ **07**
★★☆
グリフィスとエイブリーによる［　　　］とよばれる
細菌を用いた実験, それに続くハーシーとチェイス
によるバクテリオファージを用いた実験により,
DNA は遺伝子の本体であることが明らかになった。

肺炎球菌

☑ **08**
★★★
相同染色体の片方の組がもつすべての遺伝情報を
［　　　］という。

ゲノム

DNA の構造

1　DNA の構成単位

これだけ！　**ヌクレオチドは塩基・糖・リン酸からなる**

- **ヌクレオチド**：DNA の構成単位。DNA はこれがいくつも連結した構造をしている。**塩基，糖，リン酸**からなる。

- **デオキシリボース**：DNA を構成する糖。

- **アデニン(A)，チミン(T)，グアニン(G)，シトシン(C)**：DNA を構成する塩基。4 種類ある。

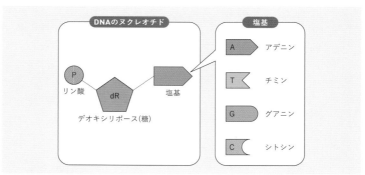

↑ ヌクレオチドの構造と DNA

- **塩基配列**：塩基の並びのこと。生物によって決まった並びがある。**遺伝子は情報を塩基配列として保有**している。

2 DNA の構造

 DNA は二重らせん構造

- **DNA の二重らせん構造：ヌクレオチド鎖**が 2 本一組となり，らせん状にねじれている構造。糖から塩基が内側に突き出し，その塩基同士が結合している。

- **塩基の相補性**：特定の種類の塩基同士が互いにぴたりとはまり合うように結合する性質。

- **塩基対**：2 つの塩基の結合のこと。A と T の対，G と C の対の 2 種類がある。

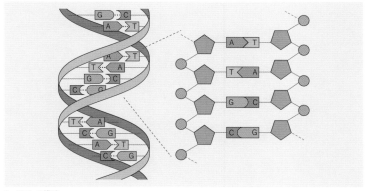

↑ DNA の構造

 必ず A と T，G と C が対になる。
DNA の A と T，G と C の塩基の割合は等しい。

	A	T	G	C
酵母	31.3	32.9	18.7	17.1
トウモロコシ	26.8	27.2	22.8	23.2
ラット	28.6	28.4	21.4	21.5
ヒト	30.9	29.4	19.9	19.8

↑ DNA の塩基組成〔%〕　　　　　　　　※塩基組成の割合〔%〕は実測値であり，誤差を含む。

EXERCISE

ANSWER

☑ **01**
★★★
DNA の基本単位は ☐ とよばれ，糖，塩基，リン酸が結合した構造をとる。

ヌクレオチド

☑ **02**
★★★
DNA のヌクレオチドを構成する糖の物質名は，☐ である。

デオキシリボース

☑ **03**
★★★
DNA は，ヌクレオチドの糖と ☐ が交互に結合して鎖状構造をとる。

リン酸

☑ **04**
★★★
DNA を構成する塩基は， ① ， ② ， ③ ， ④ の 4 種類である。

①②③④
アデニン(A)，
グアニン(G)，
シトシン(C)，
チミン(T)
※順不同

☑ **05**
★★☆
図は DNA の構造を模式的に表したものである。
① ， ② ， ③ ， ④ で示されている部分を何とよぶか。

① 塩基
② リン酸
③ デオキシリボース（糖）
④ ヌクレオチド

☑ **06**
★★★
1953 年，ワトソンとクリックは，ゲノムの本体である DNA の構造が ☐ であることを報告した。

二重らせん(構造)

☑ **07**
★★☆
DNA の一方の鎖の塩基配列が決まれば，もう一方の鎖の塩基配列が決まることを ☐ という。

（塩基の）相補性

ANSWER

☑ **08** ★★★ DNA のヌクレオチドを構成する塩基同士の対を ☐ という。 | 塩基対

☑ **09** ★★★ DNA のチミン(T)と相補的に結合する構成要素は ☐ である。 | アデニン(A)

☑ **10** ★★★ DNA のグアニン(G)と相補的に結合する構成要素は ☐ である。 | シトシン(C)

☑ **11** ★★★ DNA の構成単位は，リン酸，糖，塩基からなるものであり，その単位が連なって長い鎖状を呈している。通常は 2 本の鎖が，塩基の部分で弱く結びつき二重らせん構造になっている。塩基には 4 種類あり，それらのうちの 2 つずつに相補性がある。

下線部に示した相補性をもつ塩基の組み合わせとして適切なものを，次の①〜⑤の中から 1 つ選べ。

① アデニンとチミン，シトシンとグアニン
② アデニンとグアニン，シトシンとチミン
③ アデニンとシトシン，グアニンとチミン
④ アデニンとチミン，グアニンとウラシル
⑤ アデニンとウラシル，シトシンとグアニン

ANSWER ①

解説 DNA を構成する塩基はアデニン(A)，グアニン(G)，シトシン(C)，チミン(T) の 4 種類である。その中で相補性をもつ塩基の組み合わせは，アデニン(A) とチミン(T)，シトシン(C) とグアニン(G) である。

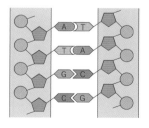

遺伝情報の複製

① DNA の複製

これだけ！ **DNA の複製方法は半保存的複製**

● DNA の複製：細胞が分裂する前に DNA が複製され，まったく同じ DNA がつくられる。複製された DNA（染色体）は，分裂によって生じた 2 つの細胞に均等に分配される。

● 半保存的複製：DNA の複製方法のこと。
DNA の複製方法
① DNA の二重らせんがほどける。
② 1 本鎖になったそれぞれの DNA を鋳型にして，A には T，C には G のように，**相補的**な塩基をもつヌクレオチドが鋳型の塩基に結合して複製が進む。

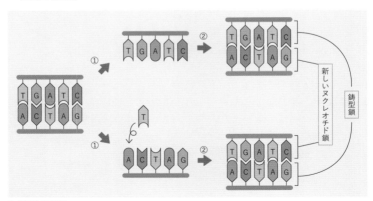

↑ 半保存的複製

② 細胞周期・間期

これだけ！ 細胞周期のうち，分裂を行う以外の時期を間期という

- **体細胞分裂**：体を構成する体細胞の分裂のこと。

- **母細胞**：分裂する前の細胞。

- **娘細胞**：分裂によって生じた細胞。

- **細胞周期**：細胞が分裂して娘細胞が生じ，その娘細胞が再び母細胞になる一連の周期的な現象。細胞周期は，細胞分裂が行われる**分裂期**（M 期）と，分裂期以外の時期である**間期**に分けられる。

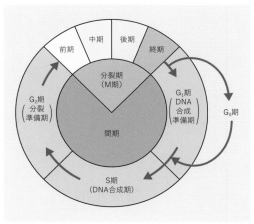

↑ 細胞周期

- **分裂期（M 期）**：実際に細胞が分裂する期間。分裂期は，前期，中期，後期，終期に分けられる。（→ p.52）

PART 2

遺伝子とそのはたらき

- **間期**：分裂が終わってから，次の分裂が始まるまでの期間。G_1 期（DNA 合成準備期）→ S 期（DNA 合成期）→ G_2 期（分裂準備期）の順に進行する。

- **G_1 期（DNA 合成準備期）**：分裂期（M 期）が終わってから，S 期が始まるまでの時期。

- **S 期（DNA 合成期）**：DNA が複製される時期。

- **G_2 期（分裂準備期）**：S 期が終わってから，分裂期（M 期）が始まるまでの時期。

COLUMN

G_0 期

細胞によっては，G_1 期で長時間細胞周期を停止し，休止期に入る場合がある。このような細胞は，細胞周期に入っていないと考えて，G_0 期にあるといわれる。例えば，筋肉の細胞はほとんど分裂を行わない G_0 期の状態である。一方で，肝臓の細胞は，肝臓が損傷した際などに G_0 期の細胞が細胞周期を再開させることがある。

EXERCISE

ANSWER

☑ 01 ★★★ DNA の複製は，細胞小器官のうちの ☐ で行われる。

核

☑ 02 ★★★ ヒトのからだを構成する細胞のほとんどは，受精卵が ☐ を繰り返しながら増殖したものである。

体細胞分裂

☑ 03 ★★☆ 分裂前の細胞を ☐ 細胞という。

母

☑ 04 ★★☆ 分裂によって生じる細胞を ☐ 細胞という。

娘

☑ 05 ★★★ 体細胞分裂を繰り返す細胞において，分裂が終わって次の分裂が終わるまでの一連の過程を ☐ という。

細胞周期

☑ 06 ★★★ 細胞周期は，実際に細胞が分裂する分裂期（M 期）と，分裂が終わって次の分裂の準備を行う ☐ 期とに分けられる。

間

☑ 07 ★★☆ G_1 期，S 期，G_2 期，M 期のうち間期に該当するものは ☐ である。

G_1 期，S 期，G_2 期

☑ 08 ★★☆ DNA 複製のしくみは，原核生物も真核生物も同じである。DNA 複製の方法を ☐ という。

半保存的複製

☑ 09 ★☆☆ 細胞分化により長期にわたり分裂を止めている細胞は G_1 期の状態から細胞周期を離脱している細胞と考えられ，☐ 期の状態にある。

G_0 期

遺伝情報の分配

1 細胞周期・分裂期

> **これだけ！** 細胞周期のうち，分裂を行う時期を分裂期という

- **分裂期（M期）**：実際に細胞が分裂する期間。前期・中期・後期・終期に分けられる。細胞分裂は，染色体が分配される核分裂と細胞質が2つに分かれる細胞質分裂の2つのステップにより起こる。

- **前期**：核内に分散していた染色体が凝縮して，見えるようになる。

↑ 前期のようす

- **中期**：染色体がさらに凝縮して，太い棒状になる。細胞の中央（赤道面）に集まる。

↑ 中期のようす

- **後期**：染色体が分離し，細胞の両極に分かれる。

↑ 後期のようす

- **終期**：核が形成され，細胞質の分裂が始まる。染色体は2つの娘細胞に分配される。

細胞質
くびれ

細胞質

↑ 終期のようす

② 細胞周期と DNA 量

> ☞ DNA は S 期に合成され，G₁ 期 → G₂ 期で倍増する

- **細胞の DNA 量**：体細胞の核に含まれる DNA 量は，G₁ 期を 2 とすると，**S 期には DNA 合成にともなって DNA 量が増加**し，G₂ 期には 4 になる。**M 期に核分裂**が終了し，2 つの細胞に均等に DNA が分配されると，DNA 量は再び 2 に戻る。

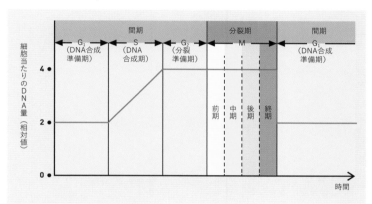

↑ 体細胞分裂における DNA 量の変化

 S 期に DNA が複製され，複製された DNA は均等に娘細胞に分配される。よって，体細胞分裂の前後で細胞当たりの DNA 量は変化しない。

 生殖細胞をつくる減数分裂では，染色体が半数になる。そのため，精子や卵では，核の DNA 量は体細胞を 2 とすると，半分の 1 になる。受精により，精子と卵が合体すると，DNA 量は体細胞と同じ 2 になる。

PART 2

遺伝子とそのはたらき

EXERCISE

ANSWER

☑ 01
★★★
細胞周期は，細胞分裂が行われる [　　　] 期と，それ以外の間期に分けられる。

分裂（M）

☑ 02
★★☆
S 期に複製された DNA は分裂期に「凝縮した太い [　　　]」として分裂する。

染色体

☑ 03
★★☆
核分裂は前期，中期，後期，[　　　] とよばれる 4 つの連続した時期に分けられる。

終期

☑ 04
★★☆
染色体が配列する中期の細胞の中央部を [　　　] という。

赤道面

☑ 05
★★☆
体細胞の分裂ではまず核分裂が起こり，続いて [　　　] が 2 つに分かれる。

細胞質

☑ 06
★★★
G_1 期の細胞に含まれる DNA 量を 2 とすると，G_2 期の細胞に含まれる DNA 量は [　　　] である。

4

☑ 07
★★★
次の図は体細胞分裂における細胞 1 個あたりの DNA の相対的な変化を表している。図の「あ」〜「く」の時期は，DNA 量の変化と細胞分裂期を組み合わせて体細胞分裂の時期を分けたもので，細胞分裂期によっては複数の時期にまたがる。

次の各問いに答えなさい。なお，細胞分裂は図中の「あ」→「い」→…→「き」→「く」の順に進むものとするが，目盛りの間隔は任意である。

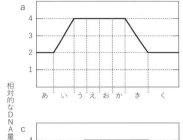

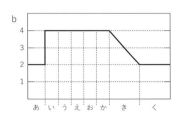

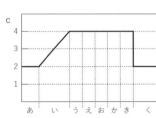

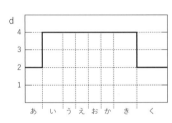

細胞分裂の時期

問1　図a～dのうち，体細胞分裂におけるDNA量の変化を表す図として適切なものを，次の①～④から1つ選べ。

　　① a　　② b　　③ c　　④ d

問2　細胞分裂の時期と図中の「あ」～「く」の対応として適切なものを，次の①～⑥から1つ選べ。

　　① 間期は「あ」，「い」，分裂期終期は「く」である。

　　② 分裂期前期は「う」，分裂期終期は「き」である。

　　③ 間期は「あ」，「い」，「く」，分裂期中期は「え」である。

　　④ 間期は「あ」，「い」，「う」，「く」，分裂期中期は「お」である。

　　⑤ 分裂期前期は「い」，分裂期終期は「く」である。

　　⑥ 分裂期終期は「お」，分裂期後期は「か」である。

ANSWER　問1　③　問2　④

解説　問1　S期と終期に注目して判断する。

　　　問2　間期…「あ」，「い」，「う」，「く」，前期…「え」，中期…「お」，

　　　　　　後期…「か」，終期…「き」

SECTION

12

タンパク質

---

① タンパク質

これだけ！ **タンパク質には多様な種類と役割がある**

● **タンパク質**：タンパク質には，体の構造をつくるものや，酵素としてはたらくものなど，多くの種類があり，生命活動のさまざまな場面で重要な役割を果たしている。

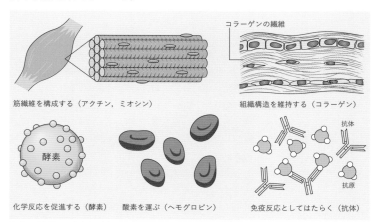

筋繊維を構成する（アクチン，ミオシン）

組織構造を維持する（コラーゲン）

化学反応を促進する（酵素）

酸素を運ぶ（ヘモグロビン）

免疫反応としてはたらく（抗体）

↑ タンパク質のはたらきの例

2 タンパク質とアミノ酸

これだけ！ 👆 **タンパク質はアミノ酸が連なってできる**

● **タンパク質**：タンパク質は<u>アミノ酸</u>が連なって構成されており，タンパク質の種類ごとにアミノ酸の配列は決まっている。個々のタンパク質の**アミノ酸配列**は，DNA の塩基配列によって決められている。

● **アミノ酸**：タンパク質の構成成分となるアミノ酸は 20 種類ある。アミノ酸の数や並び方のちがいによってさまざまなタンパク質ができる。

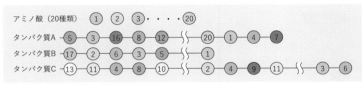

↑ アミノ酸とタンパク質

● **(発展) アミノ酸の構造**：アミノ酸は，ひとつの炭素原子（C）に，アミノ基（−NH₂），カルボキシ基（−COOH），水素原子（H），側鎖が結合した構造をしている。側鎖は 20 種類あり，この違いによりアミノ酸の性質が決まっている。

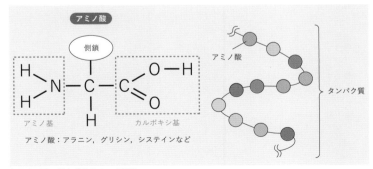

↑ アミノ酸の基本構造とタンパク質

遺伝子とそのはたらき

● **（発展）タンパク質の構造**：アミノ酸とアミノ酸がアミノ基とカルボキシ基の部分で結合する。この結合を**ペプチド結合**という。アミノ酸が多数つながった鎖状のものを**ポリペプチド**という。タンパク質はポリペプチドでできている。

必須アミノ酸

タンパク質をつくるアミノ酸のなかには，体内では充分な量を合成できないものがある。そのようなアミノ酸を必須アミノ酸といい，これらは食物として体に取り入れる必要がある。
必須アミノ酸が多く含まれている食物には以下のようなものがある。

●**バリン**
　鶏むね肉，チーズ，牛乳，煮干し

●**イソロイシン**
　鶏むね肉，卵，チーズ，牛乳

●**ロイシン**
　卵，チーズ，牛乳，かつお節

●**メチオニン**
　鶏むね肉，牛もも肉，チーズ，
　かつお節

●**リシン**
　豚もも肉，卵，チーズ，煮干し

●**フェニルアラニン**
　豚ヒレ肉，卵，かつお節，チーズ，
　するめ

●**トリプトファン**
　鶏むね肉，卵，チーズ，かずのこ

●**トレオニン**
　鶏むね肉，豚ヒレ肉，かずのこ，チーズ

●**ヒスチジン**
　鶏むね肉，まぐろ，かつお節，チーズ

必須アミノ酸	非必須アミノ酸
バリン	アルギニン
イソロイシン	グリシン
ロイシン	アラニン
メチオニン	セリン
リシン	チロシン
フェニルアラニン	システイン
トリプトファン	アスパラギン
トレオニン	グルタミン
ヒスチジン※	プロリン
	アスパラギン酸
	グルタミン酸

※必須アミノ酸は，ヒスチジンを除いて8種類とすることもある。

（資料：株式会社ロッテ　メディパレット事務局ホームページ）

EXERCISE

ANSWER

☑ 01 ★★★　タンパク質には，血液中にあり酸素を運ぶはたらきをしている ① やデンプンを麦芽糖に変える酵素である ② などがある。
① ヘモグロビン
② アミラーゼ

☑ 02 ★★★　タンパク質は，　　　　が連なって構成されている。
アミノ酸

☑ 03 ★★☆　タンパク質のアミノ酸配列は，DNA の　　　　配列によって決められている。
塩基

☑ 04 ★★☆　タンパク質を構成するアミノ酸は　　　　種類ある。
20

☑ 05 ★★☆　アミノ酸の並び方のちがいによってさまざまな　　　　ができる。
タンパク質

☑ 06 ★★☆　次の①〜④に示した組織とタンパク質の組み合わせのうち，誤っているものを選べ。
　① 皮膚—コラーゲン
　② 皮膚—アクチン
　③ 筋肉—ミオシン
　④ 血液—ヘモグロビン

ANSWER ②

解説
① 正しい。コラーゲンは皮膚の組織構造を維持するタンパク質である。
② 誤り。アクチンは筋肉に含まれるタンパク質である。
③ 正しい。ミオシンは筋繊維を構成するためのタンパク質である。
④ 正しい。ヘモグロビンは酸素を運ぶはたらきをしているタンパク質である。

SECTION 13　タンパク質の合成 遺伝情報の流れ

1　DNA とタンパク質の合成

これだけ！：塩基配列によってアミノ酸の種類が決まる

● **DNA と遺伝情報**：DNA の塩基配列（A，T，G，C の並び方）が指定する遺伝情報によりタンパク質がつくられる。

● **塩基配列とアミノ酸**：DNA の塩基（A，T，G，C）のうち，3つの塩基の並び方でアミノ酸の種類が決まる。3つの塩基の並び方が同じであれば，同じアミノ酸に対応する。

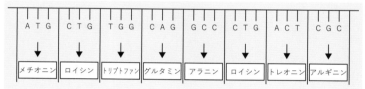

↑ 塩基配列と対応するアミノ酸

2　遺伝情報の流れ

これだけ！：遺伝情報の流れは DNA → RNA →タンパク質の順

● **転写**：DNA の塩基配列は，まず RNA（リボ核酸）とよばれる分子に写し取られる。これを転写とよぶ。（→ p.64）

● **mRNA**：DNA の塩基配列を写し取った RNA を mRNA（伝令 RNA）という。

- **翻訳**：RNA の情報をもとにアミノ酸が連結し，タンパク質が合成される ことを翻訳とよぶ。（→ p.65）

- **タンパク質の合成**：転写によって写し取られた塩基配列が，翻訳によ ってアミノ酸配列に読みかえられることで，タンパク質が合成される。

- **遺伝子の発現**：DNA の遺伝情報からタンパク質が合成されること。

- **セントラルドグマ**：遺伝情報の流れの方向は決まっており，タンパク 質のアミノ酸配列の情報から RNA や DNA が合成されることはない。 DNA → RNA →タンパク質という一方向の情報の流れをセントラルドグマ とよぶ。

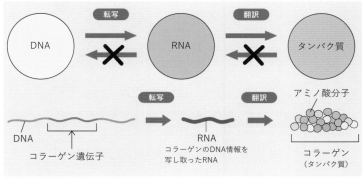

↑ セントラルドグマ

> これだけ！　RNA は糖がリボース，塩基が A，G，C，U

- **RNA の構造**：RNA は通常は 1 本鎖として存在する。RNA の糖はリボースであり，DNA のデオキシリボースとは異なる。塩基はアデニン（A），グアニン（G），シトシン（C），ウラシル（U）の 4 種類である。RNA には，DNA の塩基であるチミン（T）がなく，代わりにウラシル（U）がある。

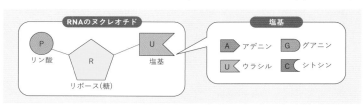

↑ RNA の構造

DNA と RNA の違い

	糖	塩基	鎖
DNA	デオキシリボース	A（アデニン），G（グアニン） T（チミン），C（シトシン）	2 本鎖
RNA	リボース	A（アデニン），G（グアニン） U（ウラシル），C（シトシン）	1 本鎖

EXERCISE

ANSWER

☑ 01 ★★★　多細胞生物の各組織では，特定の遺伝子の □ の結果，組織ごとに異なるタンパク質がつくられている。

発現

☑ 02 ★★★　DNA の塩基配列が RNA に写し取られることを □ という。

転写

☑ 03 ★★★　DNA の塩基配列を写し取った RNA のことを □ という。

mRNA
（伝令 RNA）

☑ 04 ★★★　RNA の情報をもとに，タンパク質が合成されることを □ という。

翻訳

☑ 05 ★★★　DNA → RNA →タンパク質という一方向の情報の流れを □ という。

セントラルドグマ

☑ 06 ★★★　RNA の構成要素のうち，糖の部分は □ である。

リボース

☑ 07 ★★★　RNA の構成要素のうち塩基の部分は，アデニン，グアニン，シトシンと □ である。

ウラシル

☑ 08 ★★★　RNA に関する記述のうち正しいものを，次の①〜③の中から選べ。
① RNA の塩基には，C(シトシン) がない。
② RNA の構造は 2 本鎖である。
③ RNA は，リボースという糖を含んでいる。

ANSWER ③

解説 ① RNA の塩基は，A(アデニン)，G(グアニン)，U(ウラシル)，C(シトシン) の 4 種類で，T(チミン) がない。
② RNA の構造は 1 本鎖である。

転写と翻訳

1　RNA の種類

これだけ！ RNA には mRNA，tRNA がある

● **RNA の種類**：RNA には，mRNA のほかに，アミノ酸を運搬する tRNA（転移 RNA，運搬 RNA）などがある。これらは，DNA の塩基配列を鋳型に写し取られてつくられる。

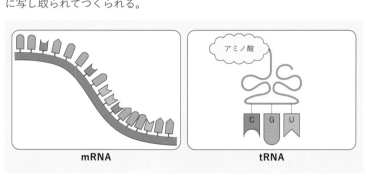

↑ RNA の種類

2　転写

これだけ！ 転写の流れを覚える

● **転写の過程**：
① 2 本鎖 DNA の相補的結合が切れ，1 本ずつのヌクレオチド鎖となる。
② 1 本鎖となった DNA 鎖の A，G，C，T に対して，それぞれ相補的な U，C，G，A をもつヌクレオチドが結合する。
③ ヌクレオチド同士が結合して RNA（mRNA）となる。

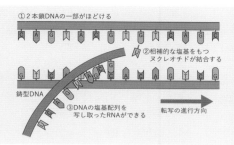

① 2本鎖DNAの一部がほどける

②相補的な塩基をもつ
ヌクレオチドが結合する

鋳型DNA

③DNAの塩基配列を
写し取ったRNAができる

転写の進行方向

↑ 転写の過程

3　翻訳

これだけ！　✍ **翻訳の流れを覚える**

● 翻訳：mRNA の塩基配列の情報がアミノ酸の配列に読みかえられる過程のこと。

● タンパク質の合成：
① アミノ酸をもった tRNA がアンチコドン部分で mRNA に結合する。
② mRNA 上に並んだ tRNA がもつアミノ酸が連結していく。
③ mRNA のコドン情報にしたがってタンパク質が合成される。

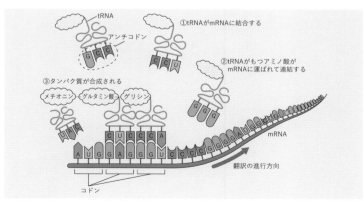

tRNA

①tRNAがmRNAに結合する

アンチコドン

②tRNAがもつアミノ酸が
mRNAに運ばれて連結する

③タンパク質が合成される

メチオニン　グルタミン酸　グリシン

mRNA

翻訳の進行方向

コドン

↑ 翻訳の過程

- **tRNA**：アミノ酸を運ぶのは tRNA（転移 RNA，運搬 RNA）であり，20種類のアミノ酸それぞれに対応する専門の tRNA が存在する。tRNA は，mRNA のコドンに相補的な塩基配列になっている。

- **コドン**：mRNA の 3 つの塩基が一組となって，1 つのアミノ酸を指定する。この塩基 3 個の配列を**コドン**という。

- **アンチコドン**：tRNA の塩基 3 個の配列をアンチコドンという。

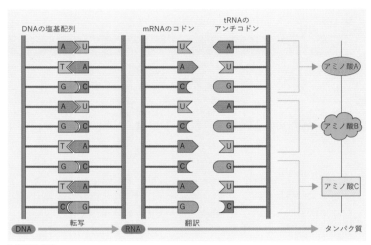

↑ 転写と翻訳

EXERCISE

ANSWER

☑ 01 ★★★ RNA には，mRNA のほかにアミノ酸を運搬する ☐ がある。 / tRNA（転移 RNA，運搬 RNA）

☑ 02 ★★★ DNA から伝令 RNA（mRNA）が合成される段階を ☐ とよぶ。 / 転写

☑ 03 ★★★ 転写では，DNA のチミンと RNA の ☐ が対を形成する。 / アデニン(A)

☑ 04 ★★★ 転写された mRNA の塩基配列にもとづいてタンパク質が合成される過程を ☐ とよぶ。 / 翻訳

☑ 05 ★★★ 翻訳においては，mRNA の 3 つの塩基が一組となって，1 つの ☐ が指定される。 / アミノ酸

☑ 06 ★★☆ mRNA のアミノ酸を指定する 3 つで一組の塩基配列を ☐ とよぶ。 / コドン

☑ 07 ★★☆ tRNA の塩基 3 個の配列を ☐ という。 / アンチコドン

☑ 08 ★★★ 「GAGTC」という塩基配列の DNA が転写されると，どのような塩基配列の RNA 鎖がつくられるか。

ANSWER CUCAG

解説 RNA の相補性は，左側を DNA，右側を RNA とすると，A ↔ U，T ↔ A，G ↔ C，C ↔ G となるから，CUCAG となる。

SECTION

15

遺伝暗号表と
遺伝子発現

1　遺伝暗号表

これだけ！　☞ 遺伝暗号表の見方をおさえる

- **遺伝暗号表**：アミノ酸を指定する3つで一組の塩基配列を**トリプレット**（3つ一組の意味）とよぶ。どのトリプレットがどのアミノ酸に対応しているかをまとめたものを**遺伝暗号表**という。

		第2番目の塩基				
		ウラシル (U)	シトシン (C)	アデニン (A)	グアニン (G)	
第1番目の塩基	U	UUU UUC } フェニルアラニン UUA UUG } ロイシン	UCU UCC UCA UCG } セリン	UAU UAC } チロシン UAA （終止）** UAG （終止）	UGU UGC } システイン UGA （終止） UGG トリプトファン	U C A G
	C	CUU CUC CUA CUG } ロイシン	CCU CCC CCA CCG } プロリン	CAU CAC } ヒスチジン CAA CAG } グルタミン	CGU CGC CGA CGG } アルギニン	U C A G
	A	AUU AUC } イソロイシン AUA AUG メチオニン(開始)*	ACU ACC ACA ACG } トレオニン	AAU AAC } アスパラギン AAA AAG } リシン	AGU AGC } セリン AGA AGG } アルギニン	U C A G
	G	GUU GUC GUA GUG } バリン	GCU GCC GCA GCG } アラニン	GAU GAC } アスパラギン酸 GAA GAG } グルタミン酸	GGU GGC GGA GGG } グリシン	U C A G

第3番目の塩基

＊開始コドン…メチオニンを指定するコドンであると同時に、
　　　　タンパク質の合成を開始する目印としてのはたらきをもつ。
＊＊終止コドン…アミノ酸を指定せず，翻訳を停止させる。
↑ 遺伝暗号表

● 遺伝暗号表の見方：

RNA の塩基配列とつくられるアミノ酸鎖

塩基配列　CGU AGG UAC UUC UAA（左端 3 つを最初のコドンとする）

↓

アミノ酸鎖　アルギニン－アルギニン－チロシン-フェニルアラニン

（UAA は終止コドン）

2 細胞の遺伝子発現と分化

これだけ！ 分化とは細胞が特定の形やはたらきを
もつように変化すること

● **分化**（細胞分化）：細胞が，さまざまなタンパク質や骨，筋肉など特定の
形やはたらきをもつように変化すること。

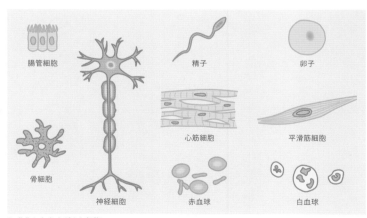

↑ 分化したさまざまな細胞

COLUMN

分化した細胞ではゲノムが変化するのか

20 世紀後半，イギリスのガードンは，アフリカツメガエルの幼生の腸の細胞から核
を取り出し，紫外線を照射して核を不活性化させた後に未受精卵に移植する実験を行
った。この結果，確率は低いものの，核を移植した卵からアフリカツメガエルの正常
な幼生を得た。この結果から，発生に必要なすべての遺伝情報は，分化した細胞の核
でも保持されていることが明らかになった。

ES 細胞と iPS 細胞

ES 細胞（胚性幹細胞）とは，特定の環境で培養することで，さまざまな細胞に分化する能力をもったまま，半永久的に増殖できる細胞である。1981 年にイギリスのエヴァンスによる，マウスの胚を用いた実験によって樹立された。培養する条件によって，さまざまに細胞を分化させることができるため，再生医療や，医学・薬学の研究に大きく貢献している。一方で，ES 細胞を得るためには，胚を用いる必要があるため，倫理的な問題も指摘されている。

そんな中，山中伸弥らが 2006 年に iPS 細胞（人工多能性幹細胞）の作製に成功した。これは，遺伝子を外部から導入することで，成熟した細胞を「初期化」し，細胞を分化させることができる。胚を用いることなく，自身の体細胞から作製することができるため，倫理的な問題や拒絶反応の問題を回避できる可能性をもった，画期的な発見であるといえる。

EXERCISE

☑ 01 ★★★ コドンとアミノ酸の対応表を □ とよぶ。

遺伝暗号表

☑ 02 ★★☆ タンパク質の合成を開始する目印である AUG のトリプレットを □ とよぶ。

開始コドン

☑ 03 ★★☆ 対応するアミノ酸がなく，タンパク質の合成を止めるトリプレットを □ とよぶ。

終止コドン

☑ 04 ★★★ 細胞が特定の形やはたらきをもつようになることを □ という。

分化

☑ 05 ★☆☆ 2006 年，山中伸弥らは，マウスの皮膚の細胞で転写にかかわる 4 種類の遺伝子を人為的に発現させ，分化した細胞を初期化することで □ を作製した。

iPS 細胞

☑ 06 ★★★ 以下の①〜④のうち，「アミノ酸を指定する遺伝情報の用語」として適切なものを 1 つ選んで答えよ。

① コドン ② ゲノム ③ セントラルドグマ ④ ペプチド

ANSWER ①

解説 ① アミノ酸を指定するトリプレットの名称をコドンとよぶ。

② DNA のすべての遺伝情報のことをゲノムとよぶ。

③ DNA → RNA →タンパク質と一方向に遺伝情報が流れるという原則のこと。

④ アミノ酸同士がペプチド結合をして 2 個以上つながったものをペプチドとよぶ。

SECTION

16　体内環境の維持

1　体内環境

体内環境を一定に保とうとする性質を恒常性という

- **体外環境**：細胞外の環境のこと。光，温度，pH，塩類濃度，酸素濃度などを指す。

- **体内環境**：体の内側にある細胞が接する環境のこと。多細胞生物の細胞は，**体液**とよばれる液体に囲まれているため，体内環境は体液にあたるといえる。

注意！　ヒトの消化管や気管の管の内側は，外部の環境に直接ふれることから，体内環境ではなく，体外環境といえる。

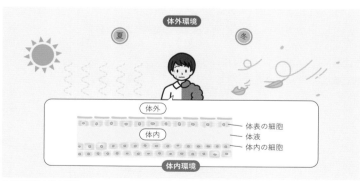

↑ 体外環境と体内環境

- **恒常性**：**体内環境を一定に保とうとする性質**。**ホメオスタシス**ともいう。身体のさまざまな細胞がその機能を果たすことができるのは，体内環境が一定に保たれているからである。

 体液は血液，リンパ液，組織液

- **体液**：細胞の周りを囲っている液体。酸素や二酸化炭素，ホルモンや栄養分などさまざまな物質を運んでいる。**体液は，血液，リンパ液，組織液に分けられる**。これらは，名前を変えて身体全体を循環している。

- **血液**：血管の中を流れる体液。血液は，**血球**と**血しょう**からなる。

- **血球**：**赤血球，白血球，血小板**がある。（→ p.94）

- **血しょう**：血液の中の液体成分。

- **組織液**：血しょうが毛細血管から組織に染み出たもの。組織液の大半は，毛細血管に戻って再び血液となる。

- **リンパ液**：組織液の一部が毛細血管に戻らず，リンパ管に入ったもの。

- **リンパ球**：リンパ液に含まれる，免疫に関与するはたらきをもつ血球の一種。

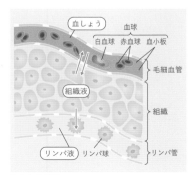

↑ ヒトの体液

恒温動物は血管の収縮や代謝を活発にすることで体温を上げる

- **恒温動物**：体外環境に影響されず，体温がほぼ一定に保たれる動物。
  例 哺乳類，鳥類

- **体温を上げるしくみ**：
  ・皮膚の血管が収縮して血流による放熱を防ぐ。
  ・アドレナリン，糖質コルチコイド，チロキシンなどのホルモンが肝臓や筋肉の代謝を活発にして発熱を促す。

- **体温を下げるしくみ**：
  ・皮膚の血管が拡張して放熱する。発汗による気化熱で体を冷やす。
  ・肝臓や筋肉での代謝を抑制し，発熱量を減らす。

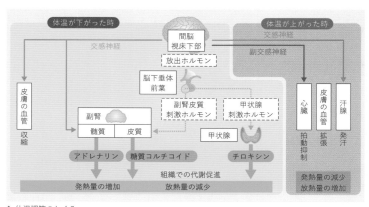

↑ 体温調節のしくみ

EXERCISE

ANSWER

☑ **01**
★★☆
生物の体を取り巻く環境は ▢ とよばれる。

体外環境

☑ **02**
★★★
多細胞生物のほとんどの細胞は ▢ に浸され，その環境は一定に保たれている。

体液

☑ **03**
★★★
体外環境に対して，細胞を囲む体液のことを ▢ とよぶ。

体内環境

☑ **04**
★★★
恒温動物において，内部環境（血糖濃度，体温，体液濃度，酸素濃度など）を一定に保つような性質を ▢ とよぶ。

恒常性
（ホメオスタシス）

☑ **05**
★★☆
体液は ▢ ，リンパ液，組織液に分けられる。

血液

☑ **06**
★★☆
リンパ管を流れるリンパ液に含まれる，免疫に関与するはたらきをもつ血球を ▢ とよぶ。

リンパ球

☑ **07**
★★★
次の①〜③に当てはまる単語を答えよ。ただし，矢印は体液の液体成分の移動を示している。

毛細血管		細胞間		③
①	→	②	→	リンパ液

ANSWER ① 血しょう ② 組織液 ③ リンパ管

解説 毛細血管，細胞間，リンパ液という単語から血しょうの名称の変化だと予測する。

① 血管の中の液体成分を，血しょうとよぶ。

② 毛細血管から血しょうが細胞の間に漏れ出ると，名称は組織液となる。組織液の大半は，毛細血管に戻り，血しょうとなる。

③ リンパ液が流れているのは，リンパ管である。組織液の一部がリンパ管に入ると，リンパ液となる。

17 体内での情報伝達

 神経系は中枢神経系と末梢神経系に分けられる

● **体内環境の維持**：ヒトの体内環境は，神経系と内分泌系のはたらきによって調節されている。

● **神経系**：**神経系は，神経細胞（ニューロン）で構成されている**。全身に張り巡らされ，体の中でさまざまな情報の伝達にかかわる。情報は電気信号によって末端まで伝えられる。**脊椎動物の神経系は，中枢神経系と末梢神経系に分けられる。**

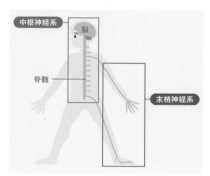

中枢神経系

脳

脊髄

末梢神経系

↑ ヒトの神経系

● **中枢神経系**：脳や脊髄からなる神経系。

● **末梢神経系**：皮膚・内臓・筋肉などと中枢神経をつなぐ神経系。体性神経系と，自律神経系から構成されている。

- **自律神経系**：末梢神経系の一つ。自律神経の**神経細胞（ニューロン）**が体の各部とつながり，直接信号を送ることで情報を伝達している。交感神経系と副交感神経系からなる。

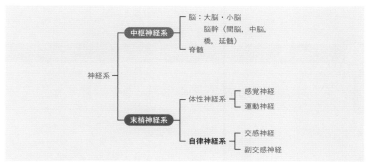

↑ 脊椎動物の神経系

- **脳の構造**：ヒトの脳は，**大脳・小脳・脳幹**の３つの領域に分けられる。さらに，脳幹は**間脳・中脳・橋・延髄**からなる。**大脳**は**感覚や随意運動（自らの意思に基づく運動），言語や感情にかかわる。小脳**は**体の平衡を保つ中枢がある。脳幹は，さまざまな器官のはたらきを調節し，生命の維持に重要な役割を果たしている。**特に，間脳は自律神経系の中枢としてはたらき，血糖濃度や体温を調節している。

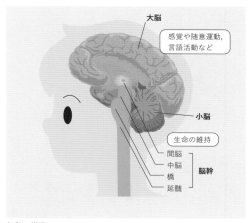

↑ 脳の構造

ヒトの体内環境の維持

脳死

脳が損傷を受け，脳幹を含む脳全体の機能が停止した状態を**脳死**という。一方，脳死に対して，大脳の機能は停止しているが，脳幹がはたらいていれば拍動や呼吸などの生命活動は維持される。このような状態を**植物状態**という。

2　内分泌系

ホルモンは各器官のはたらきを調節する

● **内分泌系**：ホルモンを介して体内環境の調節を行う。

● **ホルモン**：**内分泌腺から血液中に分泌される情報伝達物質**。血液によって運ばれ，特定の器官に到達すると，その器官のはたらきを調節する。

● **分泌腺**：分泌腺は，分泌物を体外に放出する**外分泌腺**と，血管内に放出する**内分泌腺**に分けられる。

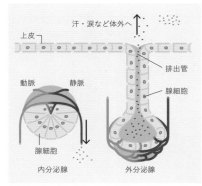

↑ 外分泌腺と内分泌腺

自律神経系と内分泌系の違い

情報伝達のスピードが大きく異なる。自律神経系は神経を通じて情報を直接すぐに伝えられる一方で，内分泌系は情報伝達物質であるホルモンが血液によって運ばれ，全身に行き渡るまでに 20 秒ほど必要となる。しかし，その効果は自律神経系と比べて長く持続する。

EXERCISE

ANSWER

☑ 01 ★★★
ヒトの神経系は，脳と脊髄からなる ① と，① と体の各部をつなぐ ② に大別される。

① 中枢神経系
② 末梢神経系

☑ 02 ★★★
末梢神経系は，運動神経や感覚神経からなる体性神経系と，交感神経と副交感神経からなる □ に大別される。

自律神経系

☑ 03 ★★★
神経系を構成する基本単位は □ とよばれている。

神経細胞
（ニューロン）

☑ 04 ★★☆
ヒトの中枢神経系は ① ，間脳，② ，中脳，延髄などとそれに続く ③ からできている。

①，② 大脳，小脳 ※順不同
③ 脊髄

☑ 05 ★★☆
呼吸器官や心臓の拍動を含む生命維持のはたらきの中枢は □ にある。

延髄

☑ 06 ★★☆
運動を調節し，体の平衡を保つ中枢は □ である。

小脳

☑ 07 ★★★
内分泌系では，① とよばれる情報伝達物質が ② から直接血液中に分泌され，特定の標的器官に作用する。

① ホルモン
② 内分泌腺

☑ 08 ★☆☆
外分泌腺は排出管を通じて体外や消化管内に分泌物を分泌するのに対して，□ は直接体液に分泌物であるホルモンを分泌する。

内分泌腺

PART 3

ヒトの体内環境の維持

SECTION

18　神経系による情報の伝達と調節

1　自律神経系

 交感神経は興奮，副交感神経はリラックス状態ではたらく

- **自律神経系**：末梢神経系のうち，体の状態を調節している神経系。交感神経と副交感神経からなる。器官の多くは，交感神経と副交感神経の**両方によって調節されている。自分の意志とは無関係にはたらく。**

- **交感神経**：**すべて脊髄から出ている**。心臓や気管支，胃・小腸・肝臓などの内臓，だ腺や涙腺などに分布する。主に**活動状態や興奮した状態ではたらく。**

- **副交感神経**：中脳，延髄，脊髄下部から出ている。交感神経と同様，さまざまな器官に分布する。主に休息時など**リラックス状態ではたらく。**

2　自律神経系による調節の特徴

 自律神経系の特徴は早さと拮抗作用

- **調節の早さ**：**自律神経系による調節は，ホルモンによる調節と比べて反応が早い。**神経を介して，ニューロン（神経細胞）から各器官に直接情報が伝達されるためである。

- **拮抗作用**：交感神経と副交感神経は，**互いに反対の作用をする。**片方が器官のはたらきを促進するならば，もう片方は制御する。このように，反対の作用をすることを拮抗作用という。

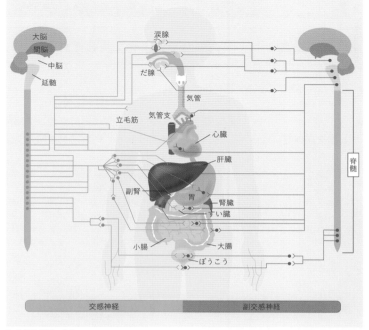

図 ↑ 自律神経系の分布

	瞳孔 （ひとみ）	心臓 拍動	血圧	気管支	胃・腸 （ぜん動）	排尿	立毛筋
交感神経	拡大	促進	上げる	拡張	抑制	抑制	収縮
副交感神経	縮小	抑制	下げる	収縮	促進	促進	ー

↑ ヒトの自律神経系のはたらき

注意！ 立毛筋や皮膚の血管は，交感神経のはたらきで収縮するが，副交感神経は分布していない。

これだけ! 拍動はペースメーカーによって調節される

- **拍動**：心臓の周期的な収縮のこと。

- **ペースメーカー（洞房結節^{とうぼうけっせつ}）**：心臓の右心房にある部位。**交感神経と副交感神経によって支配されている**。ペースメーカーが意識と関係なく周期的に興奮することで，心臓は拍動する。

  例 運動すると心拍数が増加し，運動をやめると徐々に心拍数が減少する。運動による組織での酸素消費量増加に伴う二酸化炭素濃度上昇を延髄が感知すると，その情報は交感神経を通じてペースメーカーに伝えられる。結果，心拍数が増加して血流量が増え，組織への酸素供給量が増える。一方，運動をやめた後，組織での酸素消費量は減少して二酸化炭素濃度は低下する。これも延髄が感知して，副交感神経を通じてペースメーカーに情報が伝えられる。結果，心拍数が減少して血流量も減少する。

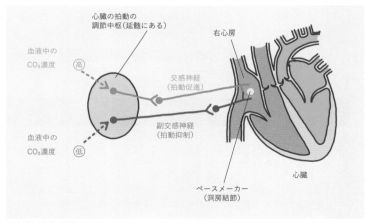

↑ 心臓の拍動の調節

EXERCISE

ANSWER

☑ **01** ★★★
自律神経系は主に内臓や分泌腺に分布し，通常 ▢ の支配から独立して，意識とは無関係に調節を行う。

大脳

☑ **02** ★★★
自律神経系は，▢ ① ▢ と ▢ ② ▢ という2つの神経が，拮抗的に作用して器官のはたらきを調節している。

① 交感神経
② 副交感神経
※順不同

☑ **03** ★★★
自律神経系のうち，▢ ① ▢ 神経は体が興奮状態にあるとき優位になり，▢ ② ▢ 神経は体がリラックス状態にあるとき優位になる。

① 交感
② 副交感

☑ **04** ★★★
交感神経が出ている中枢神経系の部位は ▢ ① ▢ であり，副交感神経が出ている中枢神経系の部位は ▢ ② ▢ ，▢ ③ ▢ ，脊髄の下部である。

① 脊髄
②，③ 中脳，延髄 ※順不同

☑ **05** ★★★
だ腺・瞳孔・立毛筋・気管支のうち，交感神経のみが分布し，副交感神経が分布していない器官は ▢ である。

立毛筋

☑ **06** ★★★
体温の上昇を感知すると，視床下部の命令により汗腺の活動を活発にする ▢ 神経がはたらく。

交感

☑ **07** ★★★
ヒトの心臓の拍動は自律神経によって調節されている。交感神経からの信号によって，心拍数は ▢ ① ▢ し，副交感神経の信号が伝わると逆に心拍数が ▢ ② ▢ する。

① 増加
② 減少

SECTION

19 内分泌系による情報の
伝達と調節

① ホルモンと受容体

 これだけ！ **ホルモンは標的器官の受容体に結合してはたらく**

● **ホルモン**：動物は，内分泌腺から分泌される**ホルモン**によって体内環境が調節されている。**ホルモンは特定の部位でつくられ，血液によって運ばれ，特定の細胞や器官に作用する。**

● **標的器官**：ホルモンによる調節を受ける器官。

● **受容体**：標的器官の細胞（**標的細胞**）に存在する，特定のホルモンと結合するタンパク質。**ホルモンの種類ごとに対応する受容体は異なる。** ホルモンと受容体が結合することで細胞の活動が調節される。

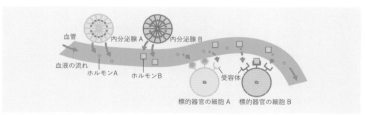

↑ ホルモンと受容体

② さまざまな内分泌腺とホルモン

 これだけ！ **内分泌腺：ホルモンを分泌する器官や組織**

● **内分泌腺**：ホルモンを分泌する器官や組織のこと。
　(例) 視床下部，脳下垂体，甲状腺，副腎，すい臓など

- **チロキシン**：甲状腺から分泌されるホルモン。

- **バソプレシン**（抗利尿ホルモン）：脳下垂体後葉から分泌されるが，**つくられているのは視床下部である。**

内分泌腺	ホルモン名	作用
視床下部	放出ホルモン 抑制ホルモン	脳下垂体前葉ホルモンの分泌促進と抑制
脳下垂体前葉	成長ホルモン	血糖濃度を上げる 全身の成長促進
	甲状腺刺激ホルモン	甲状腺からのチロキシンの分泌を促進
	副腎皮質刺激ホルモン	副腎皮質からの糖質コルチコイドの分泌を促進
脳下垂体後葉	バソプレシン	腎臓での水の再吸収促進
甲状腺	チロキシン	代謝促進
副甲状腺	パラトルモン	血中 Ca^{2+} 濃度の上昇
副腎皮質	糖質コルチコイド	血糖濃度を上げる
	鉱質コルチコイド	血中での Na^+ と K^+ の量の調節
副腎髄質	アドレナリン	血糖濃度を上げる
すい臓 （ランゲルハンス島）	グルカゴン	血糖濃度を上げる
	インスリン	血糖濃度を下げる

↑ さまざまな内分泌腺とホルモンの作用

③ 視床下部と脳下垂体

これだけ！ ホルモン分泌の中枢は，視床下部と脳下垂体

- **間脳**：脳の一領域。視床と視床下部がある。視床下部とそれにつながる脳下垂体が，ホルモンの分泌量を調節する中枢である。

- **視床下部**：**脳下垂体前葉にはたらきかけるホルモンを分泌する。** ホルモンを分泌する脳の神経細胞を**神経分泌細胞**とよぶ。神経分泌細胞からは**放出ホルモン**と**放出抑制ホルモン**が分泌され，前者は脳下垂体前葉のホルモンの分泌を促進し，後者は抑制する。

- 脳下垂体前葉：甲状腺刺激ホルモン，副腎皮質刺激ホルモン，成長ホルモンが分泌される。

- 視床下部と脳下垂体前葉のつながり：**視床下部からのホルモンの影響を受けて**脳下垂体前葉のホルモンの分泌量が調節される。

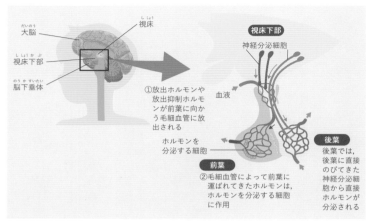

↑ 視床下部と脳下垂体

4 フィードバックによるホルモンの調節

これだけ！ 👉 **フィードバック：結果が原因にさかのぼって作用するしくみ**

- フィードバック：**結果が原因にさかのぼって作用するメカニズム**。ホルモンの分泌は，**フィードバック**によって調節されている。

- 負のフィードバック：**増えすぎた産物がその産物の合成段階にはたらきかけ，合成をおさえるしくみ。**

  例 チロキシン濃度が上がったとき
  チロキシン自身が視床下部や脳下垂体前葉に作用する→甲状腺刺激ホルモンの分泌を抑制→甲状腺に甲状腺刺激ホルモンが来ない→チロキシンは分泌されない。

EXERCISE

ANSWER

☑ 01 ★★★
ホルモン分泌の調整で中心的な役割を担っているのは間脳にある ① と ② である。

①, ② 視床下部,
脳下垂体
※順不同

☑ 02 ★★☆
ホルモンは血液によって運搬され，特定の器官や細胞に作用する。ホルモンが作用を及ぼす器官を ① といい，そうした器官には特定のホルモンと結合する ② をもつ細胞である ③ がある。

① 標的器官
② 受容体
③ 標的細胞

☑ 03 ★★★
視床下部にある ① が分泌するホルモンは血流にのって脳下垂体前葉まで運ばれ，前葉の細胞を刺激し，前葉からのホルモンの分泌を促す。このようなホルモンは ② とよばれる。

① 神経分泌細胞
② 放出ホルモン

☑ 04 ★★★
アドレナリンは，心臓の拍動を ① させ，血流を増やすが，皮膚では毛細血管を ② させ，血流を減らす。

① 増加
② 収縮

☑ 05 ★★★
チロキシンの濃度は， ① や間脳の ② で感知され， ① からの甲状腺刺激ホルモンや ② からの甲状腺刺激ホルモン放出ホルモンの分泌が調節されることにより適切に維持されている。このしくみを， ③ という。

① 脳下垂体前葉
② 視床下部
③ フィードバック

☑ 06 ★★★
チロキシンの血中濃度が高くなりすぎたとき，甲状腺刺激ホルモンと甲状腺刺激ホルモン放出ホルモンの分泌はどのようになるか。

どちらも減少する

PART 3

ヒトの体内環境の維持

SECTION 20 血糖濃度調節のしくみ

1 血糖濃度とは

これだけ！ 👆 **血糖濃度：血液中に含まれるグルコースの濃度**

- **血糖**：血液に含まれる糖のこと。脊椎動物の血液に含まれる糖は**グルコース（ブドウ糖）**である。

- **血糖濃度**：血液中に含まれる血糖の濃度。**自律神経とホルモンの両方のはたらきによって，ほぼ一定に保たれている。**ヒトの血糖濃度は，空腹時で 0.1%（質量 %）前後である。

- **グルコースの利用**：小腸で吸収されたグルコースは，**肝門脈**を通って肝臓に入り，**グリコーゲン**に変えられる。グリコーゲンは，肝細胞の中に蓄えられ，必要に応じて分解されて，グルコースとなって，血液中に供給される。

2 血糖濃度が低いとき

これだけ！ 👆 **血糖濃度を上げるホルモンは アドレナリン，グルカゴン，糖質コルチコイド**

- **アドレナリン，グルカゴンの分泌**：
  空腹や激しい運動によって血糖濃度が下がると，すい臓のランゲルハンス島の A 細胞が感知し，**グルカゴン**が分泌される。また，**視床下部**も**交感神経**を通じて，**副腎の髄質**に情報を伝え，**アドレナリン**が分泌される。これらが，肝臓に蓄えられているグリコーゲンを分解するように促すことで，グリコーゲンがグルコースに分解され，血糖濃度が上がる。

● **糖質コルチコイドの分泌**：視床下部は，**副腎皮質**にも低血糖濃度の情報を伝える。副腎皮質からは**糖質コルチコイド**が分泌される。糖質コルチコイドは，筋肉などに作用し，タンパク質からグルコースを合成するように促し，血糖濃度を上げる。

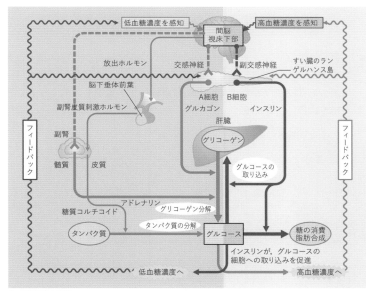

↑ 血糖濃度の調節

3 血糖濃度が高いとき

これだけ！ **血糖濃度を下げるホルモンはインスリン**

● **インスリンの分泌**：食事などによって血糖濃度が上がると，すい臓のランゲルハンス島の B 細胞が感知し，インスリンが分泌される。また，**視床下部**も**副交感神経**を通じて，B 細胞に情報を伝える。インスリンは，各細胞のグルコースの消費を促進する。さらに，肝臓や筋肉の細胞に対して，グルコースを取り込み，グリコーゲンを合成するように促す。この結果，血糖濃度が下がる。

- **糖尿病**：血糖濃度が高くなったまま下がらなくなる疾患。失明や心筋梗塞などさまざまな障害を引き起こす。

- **Ⅰ型糖尿病**：インスリンがほとんど合成されなくなることで生じる糖尿病。すい臓のランゲルハンス島のB細胞が破壊されることが原因。Ⅰ型糖尿病の患者は，インスリンの投与によって治療を受けている。

- **Ⅱ型糖尿病**：インスリンの分泌量低下や標的細胞の受容体がインスリンを充分に受け取れないことなどによって生じる糖尿病。運動不足や食習慣など生活習慣が原因であり，健康的な生活習慣を身につけることが予防や治療につながる。

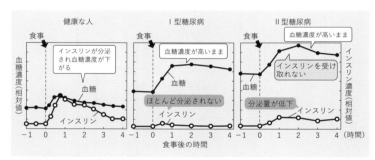

↑ 血糖濃度とインスリン濃度の変化

 糖尿病の分類

→Ⅰ型糖尿病：インスリンの**生成**に異常。
　　　　　　　生活習慣に関係なく引き起こされる。
→Ⅱ型糖尿病：インスリンの**分泌量低下**，**標的細胞の受容**に異常。
　　　　　　　生活習慣や加齢，体質などが影響して引き起こされる。

EXERCISE

ANSWER

☑ **01**　血液に含まれる糖を ☐ という。
★★★

血糖

☑ **02**　ヒトの血糖濃度は，空腹時に ☐ ％（質量％）
★★☆　前後である。

0.1

☑ **03**　小腸で吸収されたグルコースは，肝門脈を通って肝
★★☆　臓に入り， ☐ に変えられる。

グリコーゲン

☑ **04**　血糖濃度が低いとき，視床下部は ☐ を介して
★★☆　副腎皮質に情報を伝える。

脳下垂体前葉

☑ **05**　血糖濃度が高いとき，間脳の視床下部は ☐ を
★★★　通じてランゲルハンス島の B 細胞に情報を伝える。

副交感神経

☑ **06**　I 型糖尿病は， ☐ がほとんど生成されなくな
★★★　ることで生じる。

インスリン

☑ **07**　次の a 〜 d に当てはまる言葉を答えよ。ただし，a, b は器官に存在する
★★★　細胞名を表し，c, d は器官に存在する組織名を表している。

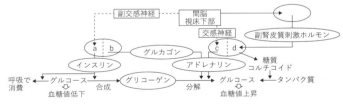

- -

ANSWER　a　B 細胞　b　A 細胞　c　髄質　d　皮質

解説　　a は，ランゲルハンス島の B 細胞，b は，ランゲルハンス島の A 細胞
である。
c は副腎髄質。副腎が器官名，髄質が組織名だから，c に当てはまるのは髄
質である。c と同様に考え，d に当てはまるのは皮質。

血液凝固のしくみ

1　血液凝固

> **これだけ!** 🖐 **血液凝固の流れ：血小板→フィブリン→血ぺい**

- **血液凝固**：血液が固まること。傷ができると，傷口に**血小板**が集まる。血小板からは，血液を凝固させる物質が放出され，その物質の作用で血液凝固が始まる。

- **血液凝固のしくみ**：①血小板によって止血が行われる。血管に損傷ができると，血小板が集まり，損傷部位全体に付着して損傷を埋める。これにより，血液が血管から漏れ出ないようにする。
②**フィブリン**による止血が行われる。血小板が作用して，トロンビンとよばれる酵素が活性化し，**フィブリン**とよばれる繊維状のタンパク質がつくられる。フィブリン繊維は粘着質なため，血管を流れる血球を絡めとることができる。フィブリン繊維と血球が絡み合って固まったものを**血ぺい**という。血ぺいが損傷部位を埋めることで，血液が血管から漏れ出ないようにする。

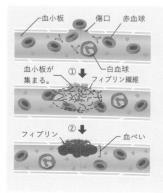

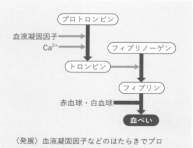

〈発展〉血液凝固因子などのはたらきでプロトロンビンがトロンビンに変化し，フィブリノーゲンがトロンビンの作用でフィブリンとなる。

↑ 血液凝固のしくみ

血液凝固の流れ
血小板が集まる→フィブリンが生成される→血ぺいが生成される

- **線溶**：フィブリン溶解ともいう。血管の修復が終わった後に，フィブリンが分解され，血ぺいが除去されること。

- **血ぺい**：血液凝固により生じた血液のかたまり。血管を試験管の中に入れてしばらく静置すると沈殿ができる。この沈殿が，血ぺいである。

- **血清**：血管を試験管の中に入れてしばらく静置したとき，上澄みに見られる液体。薄い黄色をしており，透明である。

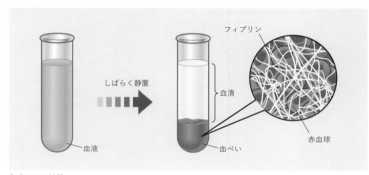

しばらく静置

血液　血清　フィブリン　血ぺい　赤血球

↑ 血ぺいの沈殿

抗凝固剤

採血をするときに，看護師が採血管を振っているのを見たことはないだろうか。これは，血液凝固を防ぐために行っていることである。身体の外に取り出された血液は，静置しておくと血ぺいが生成され，固まってしまう。血ぺいができてしまうと，赤血球，白血球，血小板などの細胞成分を測定することはできなくなってしまう。これを防ぐために，細胞成分ごとの情報を検査したいときは，あらかじめ採血管に抗凝固剤を入れておくのである。抗凝固剤には種類が複数あり，目的ごとに使い分けているため，採血管何本も採血を行う。

血液の成分とはたらき

血液は，有形成分の赤血球，白血球，血小板と，液体成分の血しょうからなる。これらはそれぞれ，栄養分や老廃物の運搬，免疫などのはたらきをもつ。

成分		数（1 mm^3 中）	核の有無	はたらき
有形成分	赤血球	男 410万〜530万 女 380万〜480万	無	酸素の運搬
	白血球	4000〜9000	有	免疫
	血小板	20万〜40万	無	血液凝固作用
液体成分	血しょう	水（約90%）， タンパク質（約7%）， 脂質，グルコースなど		栄養分，老廃物などの運搬

⬆ ヒトの血液の組成とはたらき

EXERCISE

ANSWER

☑ **01**
★★★
出血すると，血管の破れたところに　　　　が集結し，血液凝固反応を引き起こす。

血小板

☑ **02**
★★★
血管に傷がつくことで生じる酵素によって，　　　　という繊維状の物質が形成される。

フィブリン

☑ **03**
★★★
フィブリンは，赤血球などの血球と絡み合って　　　　をつくり，傷口をふさぐ。

血ぺい

☑ **04**
★★★
血ぺいは，しばらくして血管の傷が修復されると，体内では　　　　によって取り除かれる。

線溶
（フィブリン溶解）

☑ **05**
★★☆
血液を試験管に入れて放置すると，底に血液のかたまりが，上澄みに薄い黄色の透明な液体ができた。これは血液の成分である　　　　のはたらきによる。

血小板

☑ **06**
★★☆
次の文章中の①，②に当てはまる言葉を答えよ。
試験管に採取した血液を入れてしばらく静置すると，上の層に液体成分である　①　，下の層に有形成分である　②　が分離する。

PART 3

ヒトの体内環境の維持

ANSWER ① 血清　② 血ぺい

解説 血液を採取して静置しておくと，血液凝固が生じ，液体成分と有形成分に分離する。血液凝固は，主に血小板のはたらきによって生じる。
① 液体成分は，血清である。血清は，薄い黄色をしており，透明である。
② 有形成分は，血ぺいである。血ぺいは，フィブリンが血球を絡めとることで形成される。

免疫

1　免疫とは

　免疫は自然免疫と適応免疫に分けられる

- **免疫**：**からだを異物から守るしくみ**のこと。異物の侵入を防いだり，侵入した異物を速やかに排除したりする。自然免疫と獲得免疫に分かれる。

- **自然免疫**：生まれつき体に備わっている免疫。侵入してきた病原体をすばやく感知し，排除する。**物理的防御**，**化学的防御**，**食作用**からなる。

- **物理的防御**：ウイルスや細菌の侵入自体を防ぐ生体防御の方法。
  ⑩ 皮膚の表面には，角質層とよばれる細胞層があり，異物の侵入を防ぐ障壁となっている。
  鼻や気管などの粘膜は粘液で覆われており，侵入しようとするウイルスや細菌を粘液に絡めとり，排出を促している。

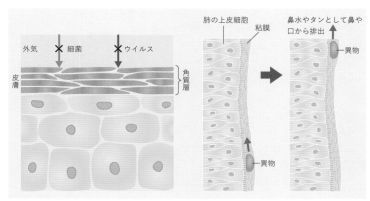

↑ 物理的防御のしくみ

● **化学的防御**：侵入しようとする細菌を化学物質で殺菌するような生体防御の方法。

⟨例⟩ 汗や涙には，リゾチームという殺菌力のある酵素が含まれており，侵入しようとする細菌を排除している。

口から食物とともに取り込んだ細菌は，強い酸性を示す胃液によって殺菌される。

● **食作用**：白血球が行う，生体に侵入した病原体を排除する方法。

● **適応免疫（獲得免疫）**：生後に得られる免疫。**体液性免疫**と**細胞性免疫**からなる。

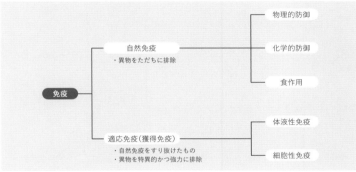

↑ 免疫のしくみの全体像

注意！ 物理的・化学的防御は自然免疫に含めないこともある。

EXERCISE

ANSWER

☑ 01 ★★★　生体防御のうち，ウイルスや細菌の侵入自体を防ぐ方法を[　　　]という。 — 物理的防御

☑ 02 ★★★　生体防御のうち，化学物質で細菌を殺菌するような方法を[　　　]という。 — 化学的防御

☑ 03 ★★★　物理的防御として，[　　　]の表面には角質層とよばれる細胞層があり，異物の侵入を防いでいる。 — 皮膚

☑ 04 ★★☆　ヒトの汗や涙には，細菌類の細胞壁を分解する[　　　]とよばれる酵素が含まれている。 — リゾチーム

☑ 05 ★★★　体内に侵入した病原体などの異物を非自己として認識し，排除するしくみを[　　　]という。 — 免疫

☑ 06 ★★★　免疫のうち，生まれつき備わっているものを[　　　]免疫という。 — 自然

☑ 07 ★★★　免疫のうち，生後に成立するものを[　　　]免疫という。 — 適応（獲得）

☑ 08 ★★★　生体に侵入した病原体の多くは，マクロファージなどの[　　　]による自然免疫で排除される。 — 食作用

☑ 09 ★★★　免疫を2つに分けたうちの適応免疫は，[　　　]性免疫と細胞性免疫に分けられる。 — 体液

☑ **10**
★★★
次の文章①～③のうち，正しいものを１つ選んで答えよ。

① 汗や涙で侵入しようとする細菌を排除する生体防御の方法を物理的防御という。

② 皮膚の表面には角質層とよばれる細胞層があり，異物の侵入を防ぐ役割を担っている。

③ 免疫とは，体内に侵入した異物を自己として認識し，排除するしくみである。

ANSWER ②

解説 ① 汗や涙で細菌を排除する方法は生体防御のうち化学的防御とよばれる。

② 正しい。

③ 免疫は，体内に侵入した異物を「非」自己として認識し，排除するしくみである。

☑ **11**
★★★
次の文章①～③のうち，正しいものを１つ選んで答えよ。

① 免疫は，自然免疫と体液性免疫の大きく２つに分けられる。

② 胃液には，リゾチームという殺菌力のある酵素が含まれている。

③ 免疫が正常にはたらくことで，体内のホメオスタシスが守られる。

ANSWER ③

解説 ① 免疫は大きく分けると，自然免疫と適応免疫の２つであり，体液性免疫は適応免疫の一種である。

② リゾチームが含まれるのは汗や涙である。

③ 正しい。ホメオスタシスは恒常性ともいう。

SECTION

23

自然免疫と適応免疫

① 自然免疫と食作用

これだけ！ マクロファージなどの白血球は食作用を行う

- **自然免疫の特徴**：異物に対する反応が非特異的である。また，異物の侵入後，応答するまでの時間が短い。異物に対する攻撃力は，2回目以降も変わらない。

- **食作用**：白血球が異物を取り込んで消化・分解すること。体内に侵入した異物は，最初に白血球などの食作用により処理される。食作用を行う白血球を食細胞といい，**好中球，マクロファージ，樹状細胞**などがある。

好中球　　　　　　マクロファージ　　　　　　樹状細胞

↑ 食細胞

- **食作用の特徴**：どのような異物に対しても等しく行われる**非特異的な反応**である。また，食細胞は細胞膜などに存在する受容体により細菌やウイルスを非自己と認識して排除する。

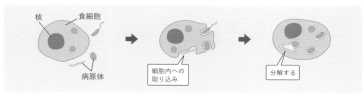

核　　食細胞

病原体　　　　　　細胞内への取り込み　　　　　分解する

↑ 食作用

- **ナチュラルキラー細胞（NK 細胞）**：病原体に感染した細胞やがん細胞などを直接攻撃し，排除するはたらきをもつ。

② 炎症

👆🔑 **炎症はマクロファージのはたらきによる**

- **炎症**：組織に傷ができ，そこから病原体や細菌が侵入すると，その場所に白血球が集まり傷ついた細胞や病原体自体を排除する。このとき，傷ついた部分が熱をもって腫れる現象を炎症という。

- **炎症のしくみ**：炎症は主に，異物を取り込んで周囲の細胞にはたらきかける**マクロファージ**のはたらきによるものである。マクロファージのはたらきにより，毛細血管が拡張して流れる血液が増え，一部分が発熱して赤く腫れ上がる。

↑ 食作用と炎症

③ 適応免疫

👆🔑 **適応免疫は異物に対する特異性が高く，強力に作用する**

- **適応免疫（獲得免疫）**：個々の異物に応じた特異的な反応で，**体液性免疫**と**細胞性免疫**がある。中心的な役割を担う細胞は，**T 細胞**と **B 細胞**。これらは**リンパ球**とよばれる白血球である。

- **適応免疫の特徴**：免疫獲得までに時間がかかるが，異物に対する特異性が高く，強力に作用する。また，侵入した異物の情報を記憶し，再び同じ異物が侵入したときに，速やかに強く反応することができる。

- **抗原**：適応免疫を誘起させる物質。T 細胞や B 細胞が異物を認識するための目印となる。

- **T 細胞**：**ヘルパー T 細胞**と**キラー T 細胞**がある。キラー T 細胞はウイルスに感染した細胞を直接攻撃し，ヘルパー T 細胞は抗原を認識して，B 細胞とキラー T 細胞を活性化する。

- **B 細胞**：**抗体**とよばれるタンパク質の産生にかかわる。

- **適応免疫に関与するその他の細胞**：マクロファージや樹状細胞。異物の情報をヘルパー T 細胞に知らせる。

- **免疫寛容**：自己に対して適応免疫がはたらかないよう，自分自身の細胞に反応する T 細胞や B 細胞が死滅したり，はたらきが抑制されたりするしくみ。

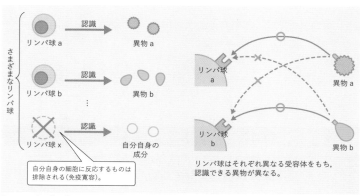

↑ リンパ球の特異性

EXERCISE

ANSWER

☑ **01** ★★★ 物理的・化学的防御を突破して侵入してきた異物には，第二のしくみとして，生まれながらにもっている [　　　] がはたらく。

自然免疫

☑ **02** ★★☆ 異物が侵入すると，[　　　]，マクロファージ，樹状細胞といった白血球がはたらき始める。

好中球

☑ **03** ★★☆ 異物が侵入した部位に集まり，直接異物を食作用によって取り込み排除する細胞を [　　　] という。

食細胞

☑ **04** ★★★ 自然免疫は異物に対する反応が［特異　非特異］である。

非特異

☑ **05** ★★☆ 傷ついた組織に白血球が集まり病原体を排除する際に，その部分が赤く腫れることを [　　　] という。

炎症

☑ **06** ★★★ 次の文章①〜④のうち，正しいものを1つ選んで答えよ。
① 自然免疫は，応答するまでの時間が短く，異物に対する攻撃力は2回目では強くなる。
② 自然免疫は，応答するまでの時間が短く，異物に対する攻撃力は2回目以降も同じである。
③ 自然免疫は，応答するまでの時間が長く，異物に対する攻撃力は2回目では強くなる。
④ 自然免疫は，応答するまでの時間が長く，異物に対する攻撃力は2回目以降も同じである。

ANSWER ②

解説 自然免疫は，反応するまでの時間は短い。また，抗原ごとに同じ反応が起こり，同じ抗原では1回目の侵入と2回目以降の侵入で反応の大きさや速さは同じである。

PART 3

ヒトの体内環境の維持

24 体液性免疫と細胞性免疫

1 体液性免疫

 体液性免疫は B 細胞が中心

● **体液性免疫のしくみ**：抗体を介して抗原が排除される。

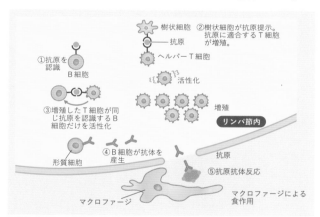

↑ 抗体が中心となる体液性免疫

① 異物が侵入すると，B 細胞が抗原を認識する。

② 同時に，樹状細胞が抗原を取り込んで分解し，異物を細胞の表面に移動させて，抗原として提示する（**抗原提示**）。抗原に適合するヘルパー T 細胞が増殖する。

③ ヘルパー T 細胞が，同じ抗原を認識する B 細胞を活性化させる。

④ 活性化された B 細胞が増殖して**形質細胞**（**抗体産生細胞**）に分化し，**抗体**を産生して血しょう中に分泌する。

⑤ 抗体は抗原を特異的に認識して結合し（**抗原抗体反応**），異物を無毒化する。また，抗体が結合した異物は食細胞に認識されやすくなり，食作用によって速やかに排除される。

2 細胞性免疫

> これだけ! 👆 **細胞性免疫はキラー T 細胞とヘルパー T 細胞が中心**

● **細胞性免疫のしくみ**：抗体を介さず，直接的に抗原を排除する。

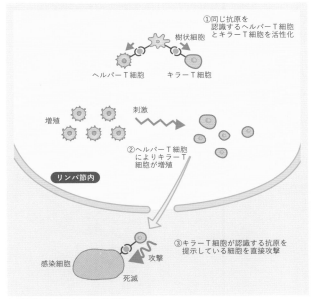

① 同じ抗原を認識するヘルパー T 細胞とキラー T 細胞を活性化

樹状細胞

ヘルパー T 細胞　　キラー T 細胞

増殖　　　　刺激

② ヘルパー T 細胞によりキラー T 細胞が増殖

リンパ節内

③ キラー T 細胞が認識する抗原を提示している細胞を直接攻撃

感染細胞

攻撃

死滅

↑ 感染細胞を排除する細胞性免疫

① 食細胞が提示した抗原をヘルパー T 細胞が認識する。抗原の情報を得たヘルパー T 細胞は活性化し，増殖する。

② 増殖したヘルパー T 細胞は，同じ抗原に対応するキラー T 細胞を活性化し，増殖を促進する。

③ 増殖したキラー T 細胞は，ウイルスに感染した細胞を直接攻撃し排除する。ヘルパー T 細胞はマクロファージも活性化し，マクロファージは食作用により死滅した感染細胞などを処理する。

● **拒絶反応**：移植された他人の臓器が異物として認識され，**キラー T 細胞による攻撃を受けて**排除されること。

ヒトの体内環境の維持

これだけ! 🖐️ **二次応答では強くて素早い免疫反応が起こる**

● **記憶細胞**：ある病原体に最初に感染し，免疫応答をした際（一次応答）に体内に保存される一部の細胞。B細胞やT細胞が保存される。

● **二次応答**：同じ病原体の2回目以降の侵入で起こる**強くて素早い**免疫反応。記憶細胞が直ちに形質細胞に分化し，大量の抗体を放出する。

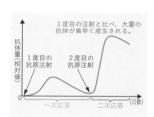

↑ 一次応答と二次応答

● **免疫記憶**：同じ病原体が再度体内に侵入した場合に記憶細胞が即座にはたらき，免疫反応を起こすしくみ。

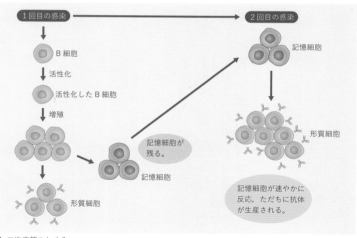

↑ 二次応答のしくみ

EXERCISE

ANSWER

☑ 01
★★☆

適応免疫において，まず ① などが抗原を取り込み，分解すると同時に抗原の一部を表面に提示する。これを ② という。

① 樹状細胞
② 抗原提示

☑ 02
★★★

抗体による免疫応答を体液性免疫といい， が中心的な役割を果たす免疫応答を細胞性免疫という。

T 細胞

☑ 03
★★☆

体液性免疫では，ヘルパー T 細胞により活性化された ① が増殖を繰り返して ② へ分化し，抗体を産生して体液中に放出する。

① B 細胞
② 形質（抗体産生）細胞

☑ 04
★★★

2 回目の抗原の侵入時には， ① が多数体内に存在するので，その抗原が早く認識され，すばやく多量に抗体が生成される ② がおこる。

① 記憶細胞
② 二次応答

☑ 05
★★★

生物が自分の体にとって異物と認識したものは抗原とよばれる。抗原が体内に侵入した場合，<u>白血球の一種であるリンパ球がつくる抗体のはたらきによって抗原は排除される。</u>

下線部に関する記述として誤っているものを，次の①〜⑤のうちから 1 つ選べ。

① リンパ球がつくる抗体は，抗原と特異的に結合する。
② リンパ球は，体液中に記憶細胞を放出する。
③ 抗体は，タンパク質でできている。
④ ある種の白血球は，抗体と結合した抗原を排除する。
⑤ 同じ抗原の 2 回目以降の侵入に対して，リンパ球は速やかに反応し，抗体がつくられる。

ANSWER ②

解説 ② リンパ球である B 細胞は，血しょう中に抗体を放出する。記憶細胞は，一度目に病原体が侵入した際に保存される一部のリンパ球を指す。

25

免疫と病気

① 免疫力の低下

これだけ！
免疫不全の例：エイズ，日和見感染症

- **エイズ（AIDS，後天性免疫不全症候群）**：HIV（**ヒト免疫不全ウイルス**）によって引き起こされる疾患。**ヘルパーT細胞に感染**し，細胞を破壊するため，免疫機能が著しく損なわれる。

- **日和見感染症**：免疫機能が損なわれたことによって，健康な体であれば感染しないような病原体に感染し発症する。

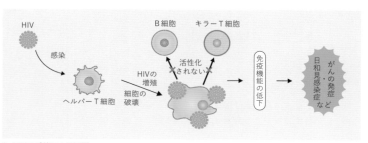

↑ HIV の感染による影響

② 免疫の異常

これだけ！
免疫異常の例：自己免疫疾患，アレルギー

- **自己免疫疾患**：自己の組織や正常な細胞が免疫反応により攻撃されてしまう病気。
  - 例 関節リウマチやバセドウ病，Ⅰ型糖尿病など

- **アレルギー**：外部から侵入する異物に対して起こる，過剰な免疫反応。花粉や食物など，本来は無害なはずのものに対して抗原抗体反応が過剰に起こり，じんましんや目のかゆみ，鼻づまりなど体に不都合な症状が現れる。

- **アレルゲン**：アレルギーの原因となる物質。

- **アナフィラキシーショック**：アレルゲンがまれに引き起こす，全身性の強い反応。呼吸困難や急激な血圧低下などが起こり，死に至ることもある。

注意！　金属アレルギーやうるしによるかぶれなど，細胞性免疫がかかわるアレルギー反応もある。

③ 医療への応用

これだけ！　予防接種は二次応答のしくみを利用したもの

- **予防接種**：あらかじめ，毒性を弱くした病原体や無毒化した毒素を接種し，特定の病原体に対する抗体や記憶細胞を体内につくらせておくこと。

- **ワクチン**：予防接種の際に用いられる抗原。

- **血清療法**：抗体を含む血清（抗血清）を注射することにより，抗原を無毒化する治療法。抗血清は，抗原をウマなどに接種することによってつくられる。マムシにかまれたときなど，緊急を要する場合に用いられる治療法である。

お母さんからもらうお守り

世界が新型コロナウイルスのパンデミックに陥った際，マスクやアルコール消毒による過剰な予防が行われた。その影響は，子供たちにも現れる。他のウイルスに触れる機会がなくなったため，子供たち自身で抗体をつくる機会もなくなり，免疫力が下がってしまうのである。

しかし，生後3～4か月までの赤ちゃんは，自分で抗体をつくることができない。赤ちゃんを守るためには，どうしたらよいのだろうか。

赤ちゃんは生まれたとき，もしくは生まれる前にお母さんから「移行抗体」とよばれるお守りをもらう。このプレゼントはお母さんがつくった免疫で，胎盤や初乳を通じて赤ちゃんに渡される。移行抗体のおかげでいろいろな病原体に対抗できるため，生まれたばかりでも病原体から身を守ることができるのである。

しかし，それぞれの抗体の持続時間は1か月や6か月とさまざまで，移行抗体が減る生後3か月頃からは病気にかかりやすくなってしまう。ただ，その頃の赤ちゃんにはもう抗体をつくる力が備わっている。免疫力を上げるために，病気になることも大切ということができる。

EXERCISE

ANSWER

☑ 01 ★★★　移植した皮膚に対する拒絶反応において，移植片を直接攻撃する役割を果たす細胞は，　　　　である。

キラーT細胞

☑ 02 ★★★　HIV（ヒト免疫不全ウイルス）によって引き起こされる疾患を　　　　という。

エイズ（AIDS，後天性免疫不全症候群）

☑ 03 ★★★　無害な抗原に対し，過剰な免疫反応を引き起こす反応を　①　という。場合によっては，死に至るような強い炎症反応を全身に引き起こすこともある。このような症状を　②　という。

① アレルギー
② アナフィラキシー（ショック）

☑ 04 ★★★　花粉症の人には，スギ花粉の大量飛散が始まる時期に，鼻水やくしゃみがみられる。このスギ花粉のように，アレルギーを引き起こす抗原を　　　　という。

アレルゲン

☑ 05 ★★★　血清療法は，体内に抗原が入った人に対して抗血清を接種する。これにより　　　　を引き起こし，抗原を無害化する方法である。

抗原抗体反応

☑ 06 ★★★　HIVは増殖の過程で<u>高率に突然変異</u>を起こす。
下線部が直接原因となる事象は次のどれか。①～④より1つ選べ。
① HIVに感染すると，癌が発生しやすくなる。
② HIVに対しては，治療や予防のために有効なワクチン作製が困難である。
③ HIVには，限られた種特異性がある。
④ HIVは，ヘルパーT細胞に感染しやすい。

ANSWER　②

解説　② ワクチンを作製しても，ウイルスに突然変異が起こってしまえばそのワクチンが効かなくなってしまう。そのため，常に有効なワクチンを作製することが困難になる。

SECTION

26 　植生

1 　植生と環境

これだけ！ 🤚: **相観：植生のようす**

● **植生**：ある場所に生育している植物の集団。

● **相観**：外側から見てわかる植生のようす。気温や降水量は相観に反映される。**植生は相観の性質によって，森林・草原・荒原などに分類される。**（→ p.124）

● **相観による植生の分類**：**植生の中で占める割合が最も高い優占種**によって，相観は特徴づけられる。

　　例 ブナを優占種とする森林→ブナ林，ススキを優占種とする草原→ススキ草原

2 　森林の植生

これだけ！ 🤚: **森林の最上部が林冠，地表に近い部分が林床**

● **森林の階層構造**：植物は，植生の中で空間を立体的に利用している。森林は構成している植物によって，**高木層，亜高木層，低木層，草本層，地表層**に分けられる。

● **林冠**：森林の最上部。太陽光が降り注ぎ，葉が茂っている。

● **林床**：地表に近い部分。葉などによって太陽光がさえぎられるため，わずかな光しか届かない。

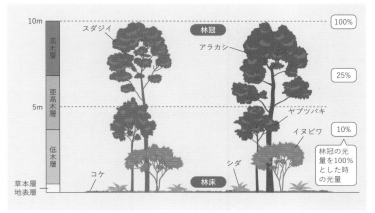

↑ 日本中南部に見られる森林の階層構造

● **土壌**：土壌は砂，粘土，落ち葉や生物の遺体，動物や微生物によって分解された有機物などでつくられている。特に森林の土壌は，地表から地下に向かって，落葉層→腐植層→岩石が風化した層→母岩（風化前の岩石）の順に層をなしている。

↑ 森林の土壌

---

3 光環境と光合成

 🖑 **光合成速度＝見かけの光合成速度＋呼吸速度**

● **光合成速度と呼吸速度**：植物は常に呼吸によって二酸化炭素を放出しており，光が当たると光合成を行って二酸化炭素を吸収する。単位時間当たりの光合成量を**光合成速度**，呼吸量を**呼吸速度**という。

- **光補償点**：呼吸速度と光合成速度が等しくなり，見かけ上，二酸化炭素の出入りが見られなくなるときの光の強さ。

- **見かけの光合成速度**：光合成速度から呼吸速度を引いた値。

- **光飽和点**：光合成速度は**一定の光の強さを超えるとそれ以上は大きくならない**。このときの光の強さを光飽和点という。

- **陽生植物**：光の強いところで生育する植物。この特徴をもつ樹木を陽樹という。

- **陰生植物**：比較的光の弱いところでも生育できる植物。**わずかな光しか届かない林床では，陰生植物は育つが，陽生植物はほとんど育たない。**この特徴をもつ樹木を陰樹という。

- **植物の種類と光合成速度**：陽生植物は，強い光の下で成長が速いが，弱い光の下では成長しにくい。一方で，陰生植物は強い光の下での成長速度は小さいが，弱い光の下でも，成長することができる。このように，**陰生植物と陽生植物では光合成速度の大きさや成長できる光の強さが異なる。**

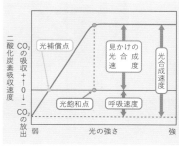

↑ 光の強さと光合成速度

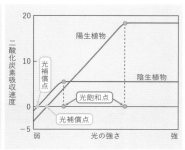

↑ 陽生植物と陰生植物の光合成

EXERCISE

ANSWER

☑ 01 ★★★　ある地域に生育する植物の集まり（植物群落）を [　　　] という。

植生

☑ 02 ★★☆　植物を種にとらわれずに外見で区別し，森林・草原・荒原のように分類したものを [　　　] という。

相観

☑ 03 ★★☆　植生はその多くを占める [　　　] によって特徴づけられる。

優占種

☑ 04 ★★☆　植物の生活空間について，発達した森林には高木層，亜高木層，低木層，草本層，地表層が見られる。このような構造を [　　　] という。

階層構造

☑ 05 ★★★　森林の内部は， [①] とよばれる森林の最上部から， [②] とよばれる地面に近い場所まで，さまざまな高さで植物が葉を広げている。

① 林冠
② 林床

☑ 06 ★★★　光が強いところで生育する植物を [①] ，比較的光の弱いところでも生育できる植物を [②] という。

① 陽生植物
② 陰生植物

☑ 07 ★★★　単位時間当たりの植物の光合成量を [①] ，呼吸量を [②] という。

① 光合成速度
② 呼吸速度

☑ 08 ★★☆　光合成速度は，光の強さにともなって大きくなるため，ある光の強さでは呼吸速度と光合成速度が等しくなり，見かけ上，二酸化炭素の出入りが見られなくなる。このときの光の強さは [　　　] とよばれる。

光補償点

植生と遷移①

1 一次遷移

これだけ！ 一次遷移は裸地から始まる

- 遷移：**植生が長い年月の間に移り変わっていくこと**。一次遷移と二次遷移（→ p.120）がある。

- 一次遷移：土壌がほとんど形成されていない場所から始まる遷移のこと。

- 一次遷移の流れ

  1. **裸地**

  　噴火による溶岩流などによって，何もない裸地からスタートする。

  2. **荒原**

  　乾燥に強い地衣類やコケ植物が進入して生育し始め，荒原となる。最初に現れる植物を先駆植物（パイオニア植物）という。

  3. **草原**

  　土壌の形成が進み，ヨモギやススキなどの草本類が進入して草原がつくられる。草本類の落葉や落枝によって土壌に有機物が蓄積され，土壌が徐々に形成される。

↑ 1. 裸地 　↓

↑ 2. 荒原 　↓

↑ 3. 草原 　↓

4. 低木林

　草原にアカマツやヤシャブシなどの低木が進入し，低木林がつくられる。

5. 陽樹林

　低木の枯葉が積もることで土壌の保水力が増し，大きく根を張れるようになる。すると，高木となる樹木が進入する。アカマツのような陽樹がよく育ち，陽樹林となる。

6. 混交林

　森が成長して，林床に太陽光がほとんど届かなくなるため，陽樹の幼木が育たなくなる。一方で，シラカシやスダジイなど，陰樹がよく育つ。成長した陽樹と陰樹の幼木が混じった混交林となる。

7. 陰樹林

　陰樹の幼木が成長し，老化した陽樹は駆逐される。最終的に陰樹林となり，植生は安定する。**安定した植生が維持される状態を極相（クライマックス）とよび，このときの森林を極相林という。**また，極相林を形成する樹木を極相樹種という。

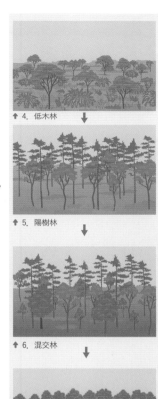

↑ 4. 低木林

↑ 5. 陽樹林

↑ 6. 混交林

↑ 7. 陰樹林

● **乾性遷移**：**陸上の裸地から始まる遷移。**

● **湿性遷移**：**湖沼から始まる遷移**。湖や沼では，死んだ水草や土砂などが積もって少しずつ浅くなる。浅くなった湖沼に，クロモなどの沈水植物が生え，ヒシなどの浮葉植物が水面を覆うようになる。長い年月が経つと湿原を経て草原になる。その後は乾性遷移と同じ過程で森林が形成されることもある。

↑ 湿性遷移

COLUMN

種子の散布力と遷移

植物の種子の散布の様式は，植生の遷移と大きくかかわっている。先駆植物（パイオニア植物）の種子は，小型で，イタドリのように翼をもつものや，ススキのように冠毛をもつものが多い。これらは軽いため，風によって運ばれやすいという特徴をもつ。一方で，遷移の後期に現れる植物の種子は，ドングリの実のように大型で，親木の下に落ちてそのまま生育するものが多い。これらを重力散布型といい，重いため，分布が広がる速度は遅いが，光が少ない林床でも生育できるという特徴をもつ。

EXERCISE

ANSWER

☑ 01
★★★
植生の構成は長い年月の間に変化していく。このように植生が移り変わっていくことを ____ という。

遷移

☑ 02
★★★
噴火による溶岩流や大規模な山火事が起こると，森林は裸地またはそれに近い状態になる。このように土壌がなく，植物の種子や根も存在しない場所から始まる植生の変化を ____ という。

一次遷移

☑ 03
★★★
一次遷移は一般に，裸地→ ① →草原→ ② → ③ →陰樹林の順で進行する。

① 荒原
② 低木林
③ 陽樹林

☑ 04
★☆☆
新しくできた裸地に最初に侵入，定着する植物を ____ とよぶ。

先駆植物
（パイオニア植物）

☑ 05
★★★
一次遷移では，裸地に地衣類やコケ植物などが侵入し，やがて草本が生育できるようになると ____ が形成される。

草原

☑ 06
★★★
陽樹林が形成されると，林床に届く光の量が減少するため，やがて陰樹林へと移り変わっていく。陰樹林が形成されると構成樹種に大きな変化がみられなくなる。このような状態を ____ という。

極相

☑ 07
★★☆
陸上で始まる遷移は ____ とよばれる。

乾性遷移

☑ 08
★★☆
陸上の裸地から始まる遷移とは別に，湖沼から始まって湿原や草原を経て極相へと向かう遷移を ____ とよぶ。

湿性遷移

PART 4

生物の多様性と生態系

119

植生と遷移②

1 二次遷移

これだけ！ 👆 二次遷移は土壌が残っているため速く進行する

● **二次遷移**：植生の大部分が失われているが，土壌が存在する場所で起こる遷移。土壌や植物の種子，根が残っているため，もとの植生に回復するまでの時間は比較的短い。

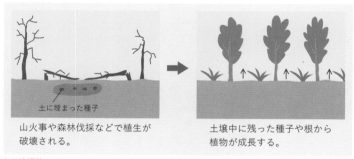

土に埋まった種子

山火事や森林伐採などで植生が破壊される。

土壌中に残った種子や根から植物が成長する。

↑ 二次遷移

	遷移の始まり	遷移の初期	遷移のスピード
一次遷移	火山の噴火，海上の新しい島など	土壌のない溶岩流の跡地などの裸地	遅い
二次遷移	山火事，森林伐採など	土壌や植物の種子，根が残っている。	速い

↑ 一次遷移と二次遷移の比較

② ギャップ

これだけ！ 🖐 **ギャップが生じることで森林の多様性が保たれる**

● **ギャップ**：枯死などにより高木が倒れると林冠に穴が開き，林床に明るい光が届くようになる。この明るい空き地を**ギャップ**という。ギャップが大きい場合，強い光が広範囲に届くため，陽樹の幼木も成長することができる。

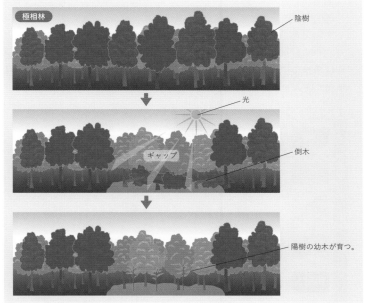

↑ ギャップで起きた遷移

● **ギャップ更新**：大きなギャップでは，土壌中で眠っていた種子や，鳥などによって運ばれてきた種子から陽樹が発芽し，成長することがある。このような森林の樹種の入れ替わりを**ギャップ更新**という。大小さまざまなギャップが森林内のさまざまな場所で，定期的に生じることにより，森林を構成する樹種の多様性が保たれている。

③ 遷移の進行と環境変化

> **これだけ!** 🖐 **環境に適した植物が侵入し，遷移は進行する**

● **遷移の進行**：遷移が進行するとその段階ごとに生育する植物の種類は変化する。例えば，遷移の初期には**先駆植物（パイオニア植物）**などの厳しい環境でも生育できる植物が侵入する。先駆植物の侵入によって，枯葉や枯枝といった有機物が蓄積し，微生物などのはたらきによってやがて土壌が形成される。土壌の形成によって，より多くの植物の生育に適した環境が整うこととなる。その後，樹木が侵入し，森林が形成され，木々で太陽光がさえぎられることにより林床が暗くなり，陽樹よりも陰樹が育ちやすい環境に変化し，極相林が形成される。このように，**植生の遷移は植物の生育に伴う環境の変化に合わせて，その時々の環境に適した植物が侵入することで進行していく。**

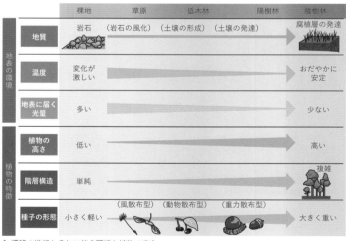

↑ 遷移の進行とそれに伴う環境と植物の変化

EXERCISE

ANSWER

☑ 01
★★★
森林の伐採や山火事などによって植生が破壊された場合，その跡地に見られる遷移を □□□□ という。

二次遷移

☑ 02
★★★
□①□ 遷移は □②□ 遷移と比べ，極相に至るまでにかかる時間が短い。

① 二次
② 一次

☑ 03
★★★
極相の陰樹林において，老木が倒れたり，突風などの自然災害で高木が倒れたりすると林冠に □①□ とよばれる空間が生じる。その規模が小さければ，その内部で陰樹が成長して □①□ を埋めていく。□①□ が大きければ，□②□ まで光が届くため，□③□ の種子が発芽して成長し，部分的に □③□ 林となる。

① ギャップ
② 林床
③ 陽樹

☑ 04
★★☆
裸地など厳しい環境に最初に侵入する □①□ は，風にとばされ［②やすく　にくく］，遠くまで運ばれ［③やすい　にくい］。

① 先駆植物
（パイオニア植物）
② やすく
③ やすい

☑ 05
★★★
遷移の初期に地表に届く光の強さは □①□ ，遷移が進行し，極相林が形成される頃には，地表に届く光の強さは □②□ なっている。

① 強く
② 弱く

☑ 06
★★★
遷移の進行に伴い，土壌が形成され，土壌の階層構造が発達する。地表の温度は次第に［変化が激しくなる　おだやかに安定する］。

おだやかに安定する

☑ 07
★★★
遷移の後期に植生に侵入する植物の種子は［風散布型　動物散布型　重力散布型］である。

重力散布型

SECTION 29

バイオームの成立

1　バイオーム

これだけ！　バイオーム：ある地域に生育するすべての生物の集団

- **バイオーム（生物群系）**：ある地域において，そこで生育する動物や植生などをひとまとめにしたもの。極相の相観から，大きく森林，草原，荒原に分類される。

- **森林**：年降水量が比較的多い地域で形成されるバイオーム。高木の樹木が生育できるため，森林のバイオームとなる。**熱帯多雨林・亜熱帯多雨林，雨緑樹林，照葉樹林，硬葉樹林，夏緑樹林，針葉樹林**がある。

- **草原**：年降水量が比較的少ない地域で形成されるバイオーム。降水量が少ないと樹木が生育しにくいため，草原のバイオームとなる。**サバンナ，ステップ**の2種類がある。

- **荒原**：気温が極端に低かったり，降水量が極端に少なかったりする地域で形成されるバイオーム。植物の生育に適さず，ほとんどの植物が定着できないため，荒原のバイオームとなる。**砂漠，ツンドラ**の2種類がある。

森林　　　　草原　　　　荒原

↑ 陸上のバイオーム

これだけ！ 🤚 **気温と降水量でバイオームの分布を表せる**

● **バイオームの分布**：年平均気温・年降水量とバイオームの関係をまとめると，図のようになる。

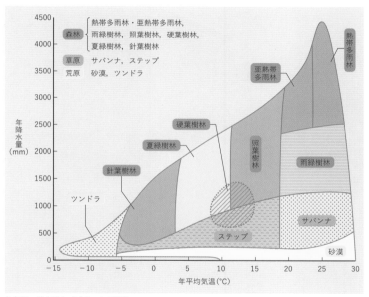

↑ 気温・降水量とバイオームの関係

- **平均気温の違いとバイオームの変化**：年平均気温が高い方から低い方に向かって熱帯多雨林・亜熱帯多雨林→照葉樹林→夏緑樹林→針葉樹林→ツンドラへと変化する。

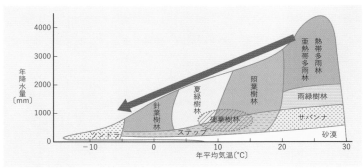

↑ 年平均気温の違いとバイオームの変化

- **降水量の違いとバイオームの変化**：年平均気温が高い熱帯で，降水量は高い方から低い方に向かって熱帯多雨林→雨緑樹林→サバンナ→砂漠へと変化する。

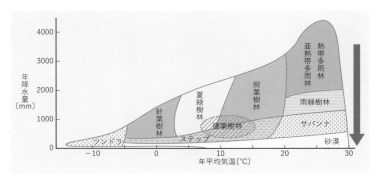

↑ 年降水量の違いとバイオームの変化

EXERCISE

ANSWER

☐ 01
★★★
地球上では気温と降水量の違いにより相観の異なる ☐ が見られる。

バイオーム
（生物群系）

☐ 02
★★★
世界のバイオームは森林，草原，および ☐ に大別される。

荒原

☐ 03
★★☆
図はバイオームと気候要因の関係を示したもので，A は ① ，B は ② ，C は ③ である。

① 照葉樹林
② 雨緑樹林
③ サバンナ

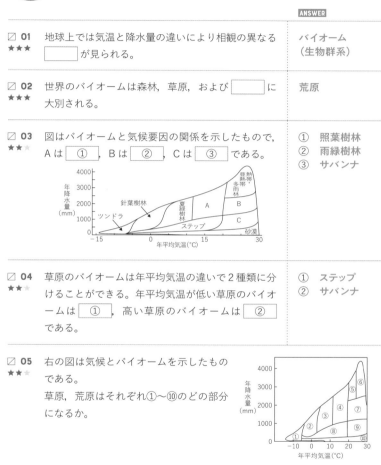

☐ 04
★★☆
草原のバイオームは年平均気温の違いで2種類に分けることができる。年平均気温が低い草原のバイオームは ① ，高い草原のバイオームは ② である。

① ステップ
② サバンナ

☐ 05
★★☆
右の図は気候とバイオームを示したものである。
草原，荒原はそれぞれ①〜⑩のどの部分になるか。

ANSWER 草原 ⑧，⑨ 荒原 ①，⑩

解説 ②〜⑦は森林である。①はツンドラ，⑩は砂漠で荒原，⑧はステップ，⑨はサバンナで草原である。
－5℃以下では森林はできない。

SECTION
30

世界のバイオーム

① 森林のバイオーム

これだけ！ 🤚 森林のバイオームの種類を覚える

● **森林のバイオーム**：年降水量が多く，年平均気温が−5℃以上の地域で形成される。

● **熱帯の森林**
　熱帯多雨林：熱帯のなかで，年間を通して高温多雨の地域で発達する。大部分は常緑広葉樹が占めている。巨大な樹木が林冠を覆い，林床は暗く，下草は生えにくい。フタバガキ類などが生育する。

● **亜熱帯の森林**
　亜熱帯多雨林：亜熱帯のなかで降水量が多い地域で発達する。フタバガキ類など常緑広葉樹が大部分を占めるが，熱帯多雨林よりも樹高が低いものが多い。
　雨緑樹林：雨季と乾季がはっきりしている地域にみられる。チークなど乾季に葉を落とす落葉広葉樹が占める。

● **温帯の森林**
　照葉樹林：夏に降水量が多く，冬季に乾燥する暖温帯（温帯のなかでも亜熱帯に近い地帯）に分布する。**タブノキ**，**スダジイ**など，常緑広葉樹が多くを占める。照葉樹とは，常緑広葉樹のうち，葉が厚く光沢のある樹木のことをいう。
　夏緑樹林：冷温帯（温帯のなかでも亜寒帯に近い地帯）に分布する。**ブナ**や**ミズナラ**など，冬に落葉する落葉広葉樹が多くを占める。

硬葉樹林：冬に降水量が多く，夏は日差しが強く乾燥する地域に分布する。硬くて小さい葉をつけ，乾燥に耐える。**オリーブ**や**ゲッケイジュ**など，常緑広葉樹が多くを占める。

● 亜寒帯の森林

　針葉樹林：寒さが厳しく冬が長い亜寒帯地方に分布する。**モミ**や**トウヒ**などの常緑針葉樹が多いが，落葉針葉樹の**カラマツ**がみられる場所もある。

2 草原のバイオーム

 草原のバイオームはサバンナ，ステップ

● **草原のバイオーム**：年降水量が 1000 mm より少なく，年平均気温が −5℃以上の地域。

● **サバンナ**：**熱帯**にみられる草原であり，熱帯のなかでも乾季が長い地域で発達する。**イネ**の仲間の草本がよくみられるが，乾燥に強い樹木も散在する。

● **ステップ**：**温帯**にみられる草原。**イネ**の仲間の草本を主とするが，サバンナとは異なり，樹木はほとんどない。

3 荒原のバイオーム

 荒原のバイオームは砂漠，ツンドラ

● **砂漠**：熱帯や温帯のなかで，年降水量が 200 mm 以下の地域に形成される。乾燥に耐えられる**多肉植物**の**サボテン**や，深い根をもつ草本など，わずかな植物しか生育していない。

PART 4

生物の多様性と生態系

● **ツンドラ**：年平均気温が−5℃以下の，森林が形成されない地域に形成される。寒帯に分布し，地中には一年中溶けることのない**永久凍土**がある。土壌の栄養塩類が少なく，**地衣類**や**コケ植物**以外の植物はほとんど生育していない。

4 世界のバイオーム

バイオームはグラデーションのように分布する

● **バイオームの分布**：実際のバイオームの境界は，はっきりと区別できるものではなく，グラデーションのように分布している。

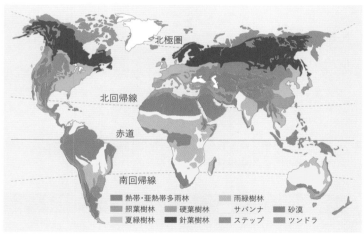

↑ 世界のバイオームの分布

EXERCISE

ANSWER

☑ 01
★★☆
降水量が極端に少ない場合，森林が生育できず，荒原となるが，年間を通して降水量が十分にある場合は，気温の低いほうから， ① ， ② ，照葉樹林， ③ のような森林が見られる。

① 針葉樹林
② 夏緑樹林
③ 熱帯・亜熱帯多雨林

☑ 02
★★☆
熱帯多雨林や亜熱帯多雨林が成立する気温であっても，年降水量が少なくなると草原に低木がまばらに混ざる ① になる。さらに年降水量が極端に少なくなると， ② になる。

① サバンナ
② 砂漠

☑ 03
★★☆
降水量が少ない地域では，温帯林が成立する気温であっても，年降水量が少なくなると ① とよばれる草原になる。年平均気温が－5℃以下になると森林は見られず，コケ植物や地衣類などのわずかな植物が生育するだけの ② になる。

① ステップ
② ツンドラ

☑ 04
★★★
次の(i)，(ii)を読み，問いに答えよ。

(i) 年平均気温が－5℃以下となる寒帯に広がり，地衣類などが優占する。土壌中の栄養塩類が少なく，植物の生育は限定されている。

(ii) 年平均気温が比較的低く，寒い冬のある冷温帯に広がり，冬の間に落葉する落葉広葉樹を優占種とする森林である。

上記の(i)，(ii)が，図中の①～⑩のどれにあたるかを番号で答え，そのバイオームの名称を下記の語群（A）～（J）から選べ。

（A） 熱帯多雨林　（B） ステップ
（C） ツンドラ　（D） サバンナ
（E） 照葉樹林　（F） 亜熱帯多雨林
（G） 針葉樹林　（H） 雨緑樹林
（I） 夏緑樹林　（J） 砂漠

ANSWER (i) ①，（C）　(ii) ③，（I）

解説 (i)は荒原，(ii)は森林。

日本のバイオーム

① 日本のバイオーム

これだけ！ 🖐✍️ **日本のバイオームの差は気温によって生まれる**

● **日本のバイオーム**：国土の全域にわたって降水量が多く，降水量によるバイオームの差はほとんどないため，**日本のバイオームの違いは気温が主な原因**となる。

② 水平分布

これだけ！ 🖐✍️ **緯度の違いでバイオームは変化する**

● **水平分布**：緯度の違いによるバイオームの分布。

● **亜熱帯多雨林**：亜熱帯の地域である沖縄から九州南端に分布している。
アコウ，ガジュマル

● **照葉樹林**：暖温帯の地域である九州，四国，本州南部に分布している。
スダジイ，アラカシ，タブノキ

● **夏緑樹林**：冷温帯の地域である本州の東北部から北海道南西部に分布している。
ブナ，ミズナラ

● **針葉樹林**：亜寒帯である北海道東北部に分布している。
エゾマツ，トドマツ

↑ 水平分布

(3) 垂直分布

これだけ！ 🖐️ **標高の違いでバイオームは変化する**

- **垂直分布**：標高の違いによって生じるバイオームの分布。気温は高度が100 m 増すごとに 0.5 ～ 0.6℃低下する。そのため，本州中部のような**山岳地帯**ではバイオームの垂直分布が見られる。

- **丘陵帯（低地帯）**：標高およそ 700 m までの照葉樹林が分布する地帯。
   スダジイ，タブノキ

- **山地帯**：標高およそ 700 m ～ 1700 m の間の夏緑樹林が分布する地帯。
   ブナ，ミズナラ

- **亜高山帯**：標高およそ 1700 m ～ 2500 m の間の針葉樹林が分布する地域。
   シラビソ，オオシラビソ，コメツガ

- **森林限界**：亜高山帯の上限より標高が高くなると，樹高の高い森林は形成されない。

- **高山帯**：**森林限界**より標高が高い地帯。気温が低く，風が強いため，厳しい環境に適応するハイマツやシャクナゲなどの低木，クロユリなどの高山植物が生育する。

- **お花畑**：高山帯で夏に見られる，高山植物の草原。
  例 コマクサ，ハクサンイチゲ

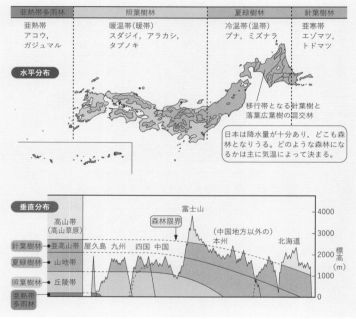

↑ 日本の水平分布と垂直分布

EXERCISE

☑ 01 ★★★ 日本の森林のバイオームは，北から南へ行くにつれて，　①　，　②　，　③　，亜熱帯多雨林の順に変化していく。

① 針葉樹林
② 夏緑樹林
③ 照葉樹林

☑ 02 ★★★ 日本中部の森林のバイオームは，標高が高まるにつれて，　①　，　②　，　③　の順に変化し，高山帯では低木林や高山草原が見られる。

① 照葉樹林
② 夏緑樹林
③ 針葉樹林

☑ 03 ★★☆ 高山では標高に応じて，低緯度から高緯度への変化と同じようなバイオームが分布している。このように標高に応じてバイオームが分布することを□□□□という。

垂直分布

☑ 04 ★★☆ 亜高山帯の上限は□□□□とよばれ，これより標高が高い場所は高山帯となり，低温と強風により，森林はできない。

森林限界

☑ 05 ★★★ 図は，日本中部の垂直分布を表したものである。B～Dのバイオームの名称を①～⑤から，代表する植物を(i)～(iv)から選べ。
① 夏緑樹林　② 照葉樹林
③ 針葉樹林　④ 亜熱帯多雨林
⑤ 雨緑樹林
(i) ハイマツ　(ii) ブナ　(iii) クスノキ
(iv) シラビソ

```
        A
              ──── 2,500m
        B
              ──── 1,700m
        C
              ──── 700m
        D
```

B ③，(iv)　C ①，(ii)　D ②，(iii)

解説 標高が上がるにつれて気温が低くなるため，平地から順に，照葉樹林，夏緑樹林，針葉樹林と変化する。Aの高山帯では気温が低いうえに積雪や強風の影響が大きいため，森林は成立しない。その代わりに，お花畑とよばれる高山草原が広がる。

PART 4

生物の多様性と生態系

32 生態系の成り立ち，生態系と種多様性

1 生態系

これだけ！ 生態系＝生物の集団＋非生物的環境

- **非生物的環境**：生物ではない，光や水，土壌，大気，温度などの要素。

- **生態系**：生物の集団と，それを取り巻く非生物的環境をひとつのまとまりとしてとらえたもの。

- **作用**：非生物的環境が生物に与える影響。

- **環境形成作用**：生物の活動が非生物的環境に与える影響。

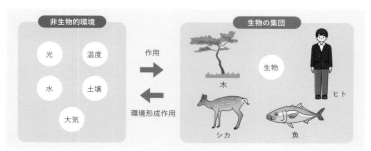

↑ 非生物的環境と生物の集団

 注意！ 作用と環境形成作用の区別をしよう！　非生物的環境が主体なのが作用，生物が主体なのが環境形成作用。生物が環境「を」形成する作用だと覚えよう。

② 生態系を構成する生物

これだけ！ 👆 生物は生産者と消費者に分けられる

- **生産者**：光合成により無機物から有機物をつくり出す独立栄養生物。
  例 植物や藻類など

- **消費者**：動物のように，外から有機物を取り込むことで生命を維持する生物。消費者のうち生産者を食べる動物を**一次消費者**といい，一次消費者を食べる動物を二次消費者，二次消費者を食べる生物を三次消費者という。
  例 動物や菌類など

- **分解者**：生物の遺体や排出物を取り入れて分解し，エネルギーを得る生物。分解者のはたらきによってできた無機物は，再び生産者に利用される。
  例 菌類や細菌類

📋 **よく出る！** 分解者は**消費者の一種**である！

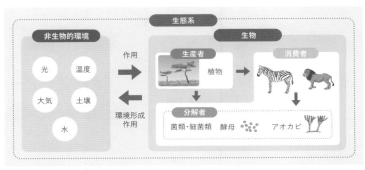

↑ 生態系を構成する生物

これだけ! 🖐 **種多様性の効果：生態系のバランス保持**

- **種多様性**：生態系にさまざまな種の生物が共存していること。特に，熱帯多雨林や亜熱帯多雨林には地球上の約半数の生物種が生息しており，種多様性が高い。

- **種多様性の効果**：生態系のバランスを保つのに役立っている。種多様性が高いと，環境の変化や病気の流行などによって，特定の種が激減したとしても，一次消費者などの特定の段階に他の生物もいるため，影響をおさえることができる。

  (例) 種多様性が高い地域では，一次消費者のチョウだけが激減したとしても，同じ一次消費者であるバッタの影響でチョウの激減の影響をおさえることができる。

種多様性が高い生態系　　　　種多様性が低い生態系

二次消費者

一次消費者

生産者

↑ 種多様性の効果

EXERCISE

ANSWER

☑ **01**
★★★
生物にとっての環境のうち，温度・光・水・大気・土壌などからなる環境を[　　]という。

非生物的環境

☑ **02**
★★★
生物の集団とそれを取り巻く非生物的環境を，物質循環の観点から1つのまとまりとして見るとき，これを[　　]という。

生態系

☑ **03**
★★☆
生態系内で非生物的環境からのはたらきかけを[　　]という。

作用

☑ **04**
★★☆
生態系内で生物が非生物的環境に影響を及ぼすはたらきかけを[　　]という。

環境形成作用

☑ **05**
★★★
生態系は，光合成を行う生産者とそれを食べる[　　]に分けられる。

消費者

☑ **06**
★★★
土壌中には，動植物の遺体や排出物から養分を得ている菌類や細菌類が生息しており，こうした生物を[　　]という。

分解者

☑ **07**
★★★
次の文章中の①〜④に当てはまる言葉を答えよ。
生態系の中で，[　①　]者は[　②　]エネルギーを使って，二酸化炭素と水といった[　③　]から糖などの[　④　]を合成することができる。

ANSWER　① 生産　② 光　③ 無機物　④ 有機物

解説　光合成は，光エネルギーを使って，無機物から有機物を生成するはたらきだから，②，③，④にはそれぞれ，光，無機物，有機物が入る。
また，生態系の中で光合成を行うのは生産者である。よって，①には生産者が入る。

PART 4

生物の多様性と生態系

生物同士のつながり

1 生態系における生物同士の関係

> **これだけ！** 👆 **食物網：複数の線で表される網目状の捕食と被食の関係**

- **食物連鎖**：「食べる－食べられる」の一連の関係。

  例 植物はバッタのような草食動物に食べられ、草食動物は肉食動物に食べられる。肉食動物はさらに大型の肉食動物に食べられる。

- **捕食**：食物連鎖の「食べる」こと。捕食を行う生物を**捕食者**という。

- **被食**：食物連鎖の「食べられる」こと。捕食される（被食する）生物を**被食者**という。

植物	バッタ	クモ	カエル	モズ
生産者	一次消費者	二次消費者	三次消費者	四次消費者

↑ 食物連鎖

> **注意！** 捕食者は被食者にもなり得ることに注意しよう！ 上記の例では、バッタは植物を食べる「捕食者」であると同時に、クモに食べられる「被食者」である。

- **食物網**：複雑に絡み合った網目状の捕食と被食の関係。生態系において、生産者と消費者、消費者と消費者は、複雑な網の目のような関係になっている。

> **よく出る！** 食物連鎖と食物網
> →食物連鎖：**一本**の「捕食―被食」の線で表すことができる。
> 　　　　　　捕食―被食の関係を栄養段階ごとに説明したもの。
> →食物網：**複数**の「捕食―被食」の線が絡み合っている。
> 　　　　　捕食―被食の関係が相互にかかわりあっていることを説明したもの。

小型の鳥
大型の鳥
ヘビ
ネズミ
バッタ
クモ
カエル
ウサギ
草や樹木
細菌類・菌類など
落葉
ミミズ

⬆ 食物網

② 生態系ピラミッド

これだけ！ ☞ **生態系における個体数は生産者が最も多い**

- **栄養段階**：生態系における，生産者を第一段階，一次消費者を第二段階，…とした食物連鎖の各階層のこと。

- **生態系の数量の特徴**：生態系における生物の個体数や生物量（ある地域の生物体の乾燥重量）は，多くの場合，**生産者が最も多い**。また，一次消費者よりも二次消費者，二次消費者よりも三次消費者と，より高次の生物になるにつれて個体数や生物量が少なくなる。

- **生態ピラミッド**：生産者を底辺として，各栄養段階を積み重ねて数量関係を表したもの。個体数を積み重ねた**個体数ピラミッド**，生物量を積み重ねた**生物量ピラミッド**をまとめて生態ピラミッドという。

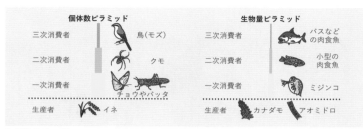

↑ 生態ピラミッド

(3) キーストーン種

これだけ！ 👆 キーストーン種は生態系のバランスに大きな影響力をもつ

- **キーストーン種**：食物網の上位に位置し，生態系のバランスに大きな影響力をもつ生物。**キーストーン種を人為的に取り除くと**，個体数が増加する種や激減する種が生じ，**別の生態系に変化する。**

  (例) イガイとフジツボは競争関係にあるが，安定した生態系の中では互いに排除し合うことはなく，また，ヒトデに食べられるが食べつくされることもない。しかし，ヒトデを人為的に取り除くと，イガイが個体数を増やし，磯を覆いつくす。その結果，他の多くの種が激減する。この場合，**ヒトデがキーストーン種**である。

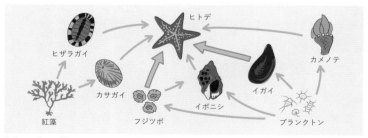

↑ キーストーン種

- **間接効果**：上の例のように，2つの生物の間の捕食―被食の関係が，捕食―被食の関係がない別の生物の生存に，間接的に影響を与えること。

EXERCISE

ANSWER

☑ 01 ★★★ 消費者と生産者，あるいは生産者の間で，「食べる―食べられる」の関係が一連に続くことを　　　　という。

食物連鎖

☑ 02 ★★★ 実際の自然界における食物連鎖は複雑に絡み合っているため，これを表現して　　　　といわれる。

食物網

☑ 03 ★★☆ 食物連鎖の中で，「食べる」ことを　　　　という。

捕食

☑ 04 ★★☆ 食物連鎖の中で，「食べられる」生物を，捕食者に対して　　　　という。

被食者

☑ 05 ★★☆ 生態系において生産者から高次の消費者までの食物連鎖の各段階を　　　　という。

栄養段階

☑ 06 ★★☆ 一定面積内に存在する生物体の総量で，乾燥重量などを用いて表されるものを　　　　という。

生物量

☑ 07 ★★☆ ある生態系において，少ない生物量にもかかわらず，高次消費者が生態系のバランスを保つのに重要な役割を果たしている場合，このような生物種を　　　　という。

キーストーン種

☑ 08 ★☆☆ ２つの生物の間の捕食―被食の関係が，直接的には関係のないまったく別の生物の生存に間接的に影響を与えることを　　　　という。

間接効果

生態系のバランス

1 生態系のバランス

これだけ！ 🖑 生態系のバランスは生物種が多様であるほど安定する

● **生態系のバランス**：生態系を構成する生物の個体数や生物種は常に変動しつつも，一定の範囲内で安定したバランスが保たれている。生態系を構成する生物種が多様であるほど，食物網が複雑になり，生態系は安定する。

例 捕食・被食の関係にある2種の生物

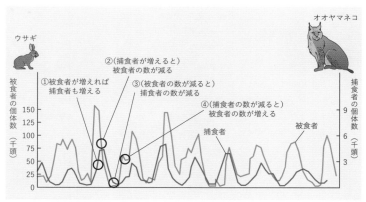

↑ 被食者と捕食者の個体数の変動

このように，生態系において生物種の個体数は，変動しながらも一定の範囲内に収まっている。生態系を構成する生物種が多様であるほど，食物網が複雑になり，生態系は安定する。

● 攪乱(かくらん)：山火事や台風，人間活動など，生態系が変化する外的要因のこと。
適度な攪乱は，生物多様性の維持に貢献している。

例 洪水が起こると，河川の生態系に攪乱が生じ，洪水後の環境に適した動植物が進入し，
新たに遷移が始まる。

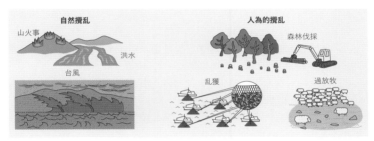

自然攪乱
山火事
洪水
台風

人為的攪乱
森林伐採
乱獲
過放牧

↑ 攪乱

● **生態系の復元力**（レジリエンス）：生態系に備わっている，山火事で森
林が消失するような大きな環境の変化があっても，もとの状態に戻ろう
とする性質。多くの生物種が互いに複雑なかかわりをもつことによって
環境の変化を吸収することができる。しかし，生態系の復元力を超える
変化があると，もとの生態系には戻れなくなる。

復元力 > 攪乱   復元力 < 攪乱

↑ 生態系の復元力

③ 自然浄化

これだけ！ 👉 **自然浄化は分解者が有機物を無機物に変えることで進む**

● **自然浄化**：汚染物質などの有機物が，分解者によって無機物に変えられること。

自然浄化の例として，河川に有機物が含まれた汚水が流入した場合などがある。

有機物を含む汚水が流入した地点から，川下に向けて，水質は徐々に変化する。

① 有機物を栄養として利用する細菌類が繁殖する。このとき，細菌類が呼吸することによって酸素濃度が低下する。

② 細菌類を食べるゾウリムシなどの原生生物が増え，原生生物を食べるイトミミズが増える。

③ この間に有機物が分解されて栄養塩類濃度が高くなり，栄養塩類を吸収して光合成を行う藻類が増える。

④ 藻類の光合成により酸素濃度が高くなる。

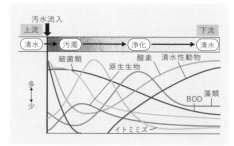

↑ 河川の自然浄化

● **BOD（生物学的酸素要求量）**：水の中の有機物を，生物が無機物にまで分解するのに必要な酸素の量。BODの値が高ければ高いほど，汚染の度合いがひどいといえる。

EXERCISE

| | | ANSWER |

☐ 01 ★★☆　生態系に変化をもたらす外的要因を◻︎という。　撹乱

☐ 02 ★★☆　山火事や台風，洪水などの自然現象による撹乱を◻︎という。　自然撹乱

☐ 03 ★★★　生態系には，大きな環境の変化があってももとのバランスに戻ろうとする◻︎がある。　復元力

☐ 04 ★★☆　汚染物質などの有機物が，分解者によって無機物に変えられることを◻︎という。　自然浄化

☐ 05 ★☆☆　BOD の数値が◻︎ほど，汚染の度合いがひどいといえる。　高い

☐ 06 ★★★　右図は，汚水が流入したときの有機物，藻類，細菌，原生生物の相対量の変化を表したものである。
図のA〜Dは，汚水が流入したときの有機物，藻類，細菌，原生生物のどの相対量を表したものか。

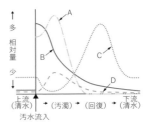

ANSWER A　細菌　B　有機物　C　藻類　D　原生生物

解説 図で，汚水流入と同時に相対量が急増しているBは，水中の有機物である。有機物が急増すると，これを栄養源とする好気性細菌（酸素を使ってエネルギーをつくる細菌）が急激に増え，さらにこの細菌を食べる原生生物が増える。よってAは細菌，Dは原生生物である。有機物は細菌などによって分解されて減少し，栄養塩類が増加するので，藻類が増加する。よってCは藻類となる。

35

人間の活動と生態系

1　富栄養化

これだけ！　富栄養化の例：アオコ，赤潮

- **富栄養化**：水に含まれる栄養塩類が多くなること。有機物が分解されると，窒素やリンなどの栄養塩類が生じる。栄養塩類は植物プランクトンの養分となるため，有機物が流入する河川や湖沼，海ではプランクトンが大量発生する。

- **アオコ**（水の華）：富栄養化した池や湖において，シアノバクテリアが増殖し水面が青緑色になった状態のこと。

↑ アオコ（水の華）

- **赤潮**：海で赤い色素をもつプランクトンが大量発生し，海面が赤くなった状態のこと。大量発生したプランクトンが死ぬと，その遺体の分解のために分解者が大量の酸素を消費する。すると，海水が低酸素状態になり魚がすめなくなるなど，漁業に悪影響を与えることがある。

↑ 赤潮

② 温室効果

> これだけ！ 🖐️ **温室効果をもたらす気体を温室効果ガスという**

● **温室効果**：二酸化炭素などの温室効果ガスの作用によって，気温が上昇すること。人間による化石燃料の大量消費の結果，大気中の二酸化炭素濃度は急速に増加した。大気中の二酸化炭素は，地球の表面から放射される赤外線を吸収して，地表に赤外線の熱エネルギーを戻す。そのため，地表付近の大気の温度が上昇する。二酸化炭素だけでなく，メタンなどにも温室効果がある。このようなガスを**温室効果ガス**とよぶ。

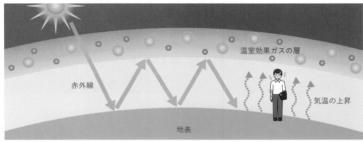

赤外線

温室効果ガスの層

気温の上昇

地表

⬆ 温室効果

生物の多様性と生態系

外来生物：人間の活動によって本来の生息地とは
別の土地にすみ着くようになった生物

- **外来生物**：人間の活動により，本来生息していた場所から別の場所に移され，その土地にすみ着くようになった生物。外来生物に対し，もともと生息していた生物を**在来生物**という。

  例 動物：アライグマ，フイリマングース，ウシガエル
  植物：セイヨウタンポポ，セイタカアワダチソウ

↑ ウシガエル

↑ セイタカアワダチソウ

- **特定外来生物**：外来生物の中で，生態系，人命，農林水産業に被害を及ぼす，または及ぼすおそれのある生物。例えば，明治時代に食用として導入されたウシガエルは，日本在来の生物を捕食して悪影響を与えるため，特定外来生物として指定されている。

  例 アメリカザリガニ，カダヤシ，オオクチバス，ブルーギル

↑ アメリカザリガニ

↑ オオクチバス

EXERCISE

ANSWER

☑ 01 ★★★ 人間活動によって排出された有機物，窒素，リンが河川，湖沼，海などに蓄積して濃度が高くなる現象を ☐ とよぶ。 / 富栄養化

☑ 02 ★★★ ☐ とは，シアノバクテリアが増殖し水面が青緑色になった状態のことである。 / アオコ（水の華）

☑ 03 ★★★ 海で赤い色素をもつプランクトンが大量発生し，海面が赤くなった状態のことを ☐ という。 / 赤潮

☑ 04 ★★☆ 大気中の二酸化炭素などが，地球から放出される赤外線を吸収し，地表に熱エネルギーを戻すことで，大気の温度が上昇することを ☐ という。 / 温室効果

☑ 05 ★★★ 人間活動によって，本来は分布していなかった場所に移入され，定着した生物を ☐ という。 / 外来生物

☑ 06 ★★★ 外来生物のなかでも，特に生態系等への影響が懸念されるものは ☐ に指定されており，飼育や栽培・輸入などが原則として禁止されている。 / 特定外来生物

☑ 07 ★☆☆ 日本の特定外来生物を次の中からすべて答えよ。
ウシガエル，ヤンバルクイナ，アライグマ，アオウミガメ，オオキンケイギク，ヌートリア，ヤマセミ，イヌワシ，オオサンショウウオ，オオクチバス（ブラックバス）

ANSWER ウシガエル，アライグマ，オオキンケイギク，ヌートリア，オオクチバス（ブラックバス）

解説 オオキンケイギクは，北アメリカ原産のキク科の植物。ヌートリアは南アメリカ原産の大型のネズミの仲間である。主要な外来生物や在来生物は覚えておくようにしよう。

36

生態系の保全

① 絶滅危惧種

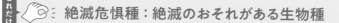

これだけ! 👆 **絶滅危惧種：絶滅のおそれがある生物種**

- **生物多様性**：生物の間に見られる多様性のこと。生物多様性は環境の指標であり，生物多様性を保全することは環境を保全することに他ならない。

- **絶滅危惧種**：絶滅のおそれがある生物種。人間活動などの生態系を乱すさまざまな原因によって，多くの生物が絶滅の危機にさらされている。
  例 ライチョウ，ニホンウナギ，ゲンゴロウ，ヒゴタイなど

- **レッドリスト**：絶滅の危険性の程度で生物種を分類したもの。

- **レッドデータブック**：絶滅危惧種の生息域，生息状況，絶滅の危険度などを具体的に示したもの。

イリオモテヤマネコ

アマミノクロウサギ

↑ レッドデータブック

- **種の保存法**：絶滅のおそれのある生物の種を保存を目的として制定された。

② 生態系サービス

> これだけ！ 生態系サービス：生態系から受けるさまざまな恩恵

● **生態系サービス**：生態系から受けるさまざまな恩恵のこと。例えば，私たち人間の食べ物や，呼吸をするための酸素などは，人間以外の生物の活動によって生産されている。また，森林は降った雨を根元に溜め込むため，天然の防水ダムの機能がある。生態系サービスの恩恵を持続的に受けるためには，生態系を保存して，生物多様性を維持する必要がある。

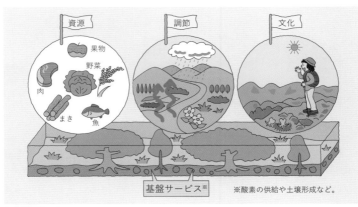

↑ 生態系サービス

COLUMN

生態系の保全

2015 年 9 月 の 国 連 サ ミ ッ ト で，持 続 可 能 な 開 発 目 標（SDGs：Sustainable Development Goals）が採択された。これは，2030 年までに持続可能でよりよい世界を目指す国際目標のことである。

「水の豊かさを守ろう」や，「陸の豊かさも守ろう」などの目標も含まれており，SDGs の達成を目指すことによって，生物の多様性を保全することにもつながる。

PART 4

生物の多様性と生態系

> **これだけ!** 環境アセスメント：大規模な開発の前に
> 生態系への影響を調べること

- **里山**：人里と，それを取り巻く農地，雑木林，ため池，草原などで構成される地域。適度な樹木の伐採や落葉の採取など，人間のはたらきかけが適度な攪乱となって，多様な生物が生息できる環境が維持されてきた。近年は，農業人口の減少により農地や雑木林が放置され，遷移が進んでいる。そのため，雑木林では樹木が密生して林内が暗くなり，動植物の多様性が低下している。

↑ 里山

- **環境アセスメント**：大規模な開発事業を行う前に，生態系への影響を調べて，環境に対して適正な配慮がなされるようにする制度。森を切り開いて道路をつくったり，海を埋め立てて橋を架けたりするような開発は，生態系に影響を与えるため，将来的に生態系サービスを受けられなくなる可能性がある。これを回避するために，大規模な事業開発を行う前に，生態系を調査し，生態系への影響を予測・評価し，その内容について，住民や自治体の意見を聞くとともに，専門家による審査を受けることによって，環境に対して適正な配慮がなされるようにする制度ができた。

EXERCISE

ANSWER

☐ 01 ★☆☆ ＿＿＿を保全するということは，環境を保全することである。 — 生物多様性

☐ 02 ★★☆ 地球温暖化により，気温の上昇による環境の変化に対応できない生物が大量に＿＿＿することが予想されている。 — 絶滅

☐ 03 ★★★ 絶滅の危機にある生物のリストを＿＿＿という。 — レッドリスト

☐ 04 ★★★ 絶滅の危機にある生物の種について，生息域，生息状況，絶滅の危険度などを解説したものを＿＿＿という。 — レッドデータブック

☐ 05 ★☆☆ 絶滅のおそれのある生物の種の保存を目的として制定された法律を＿＿＿という。 — 種の保存法

☐ 06 ★★☆ ＿＿＿とは，生態系から受けるさまざまな恩恵のことである。 — 生態系サービス

☐ 07 ★★☆ ＿＿＿では，人間のはたらきかけが適度な攪乱となり多様な生物が生息できる環境が維持されてきた。 — 里山

☐ 08 ★★☆ 大規模な開発事業を行う前に，生態系への影響を調べて，環境に対して適正な配慮がなされるようにする制度を＿＿＿という。 — 環境アセスメント

INDEX

さくいん

INDEX

KOREDAKE!

THE HANDBOOK FOR SUCCESS
IN ENTRANCE EXAMS
ESSENTIAL POINTS OF
BASIC BIOLOGY

COMPACT SERIES

これだけおさえる！
生物基礎の要点整理

編集協力
株式会社ダブルウイング
株式会社メビウス

ブックデザイン
堀 由佳里

イラスト
STOMACHACHE.

データ作成
株式会社四国写研

図版・写真
株式会社ユニックス
有限会社熊アート
株式会社アフロ

企画・編集
荒木七海・徳永智哉